山本 勇 監修　山本智子 著
YAMAMOTO Isamu　YAMAMOTO Tomoko

医療福祉
マネジメント
概論

Introduction to
Management of
Medical Care
and Welfare

北樹出版

　日本では、少子高齢化の進行が社会に与えうる影響と諸問題への対応が社会的な課題になっています。2025年度以降には、いわゆる団塊の世代が後期高齢者になることからも、医療・福祉にかかわる課題への対応策の探究は喫緊の主要課題の一つと考えられます。

　少子高齢化が進行するにつれ、福祉分野の重要性は増しています。福祉分野では医療にかかわる課題を伴うことが少なくありませんが、医療分野においても、福祉的な視点からの課題解決が求められるようになっています。

　こうした状況に対応して、本書では、今日の主要な社会的課題である、福祉と医療に関する基礎知識を学びます。

　具体的には、第1〜5講で主に臨床的視点から、疾病構造の変化、病院完結型から地域完結型への変化、および医療における福祉的課題について学びます。第6〜9稿ではよりマクロな視点から、医療にかかわる政策・制度、医療サービスの提供体制、医療費の保障およびその他の政策・制度について学びます。第10〜15講では、医療と福祉に関係する専門職と両分野の連携・協働、介護保険制度、地域包括ケアシステムの構築、および特に地域における福祉と医療の連携・協働について学習を進めます。

　また、本書では、課題を見出し解決のための方策を探究することを通して学習を発展させることができるように、巻末に探究課題の例を挙げています。必要に応じて活用してください。

　福祉と医療にかかわる諸課題を発見し、諸課題の検討や解決のための探究を支援する役割を果たすことを通して、本書が福祉や医療ならびに社会の発展に役立てられますよう期待しています。

著　者

目　次

第 *1* 講

疾病・障害の理解と生活

　医療および福祉サービスを提供するためには、その社会にどのような疾患があり、どのような医療福祉提供体制が講じられているのか、疾患に罹患することによりどのような福祉的課題が生活に生じうるかを理解しておくことが大切です。

　第1講では、健康と疾病の定義を確認した上で、主に日本社会における疾病の現状、および医療福祉の提供体制、そして生活にかかわる医療の福祉的課題に関して学習します。

1　健康の定義と疾病の理解

（1）健康の定義

　世界保健機関（World Health Organization, WHO）（以下WHO）は、1947年に採択したWHO憲章において、「健康」（Health）を以下のように定義しました[1]。

　　　健康とは、病気でないとか、弱っていないということではなく、肉体的にも、精神的にも、そして社会的にも、すべてが満たされた状態（well-being）にあることをいう。

　WHOによる定義に基づけば、健康とは、単に病気でないとか弱くないといった個人の心身の問題に留まるものではなく、社会的な関係性を含めて実現されることであり、人々が社会的な関係性に包摂されることが健康の実現のために不可欠であると考えることができます。

さらに、WHOは、国際文書において、個人および集団の健康に影響する要因には、社会的、経済的、政治的、環境的な条件が含まれるという「健康の社会的決定要因」（Social Determinants of Health, SDH）という考え方を示しています[2]。つまり、健康の公平性を実現し健康格差をなくすためには、個々人を対象とした医学的な要因だけでなく、生活や環境を含めた社会的な要因を考慮に入れる必要があるといえます。このことは、治療や入院等、医療的対応が必要になる場合にも、当然当てはまることになります。

　生活環境や経済状況を含めた総合的な対応は、従来、福祉分野の範囲とされてきましたが、今日では医療分野においても、このように社会的な要素を含めて考えることの重要性が国際的に確認されています。

（2）疾病に関する概念

　医師であり医療人類学者であるクラインマン（Kleinman, A.）は、疾病を、「疾病」（disease）、「病い」（illness）、「病気」（sickness）の3つの概念によって説明しています[3]。

　クラインマンによれば、「疾病」とは医学的な構造や機能の不全をいい（生物医学モデル）、「病い」とは疾病による個人の経験であり（個人的レベル）、そして「病気」とは、病いによって生じる社会生活上の変化から捉えるもの（社会的レベル）となります。

　このような概念を示すことにより、クラインマンは、疾病を生物医学モデルから理解するだけでなく、個人的レベル、そして社会的レベルとの関係から理解することと、そのような理解の重要性を指摘しています。

（3）生物－心理－社会モデル

　精神科医であるジョージ・エンゲル（Engel, G. L.）は、1977年に、病気の原因（病因）と疾患を直線的に理解し、正しく診断して治療し病因を解決すれば治癒するという、既存の「生物医学モデル」（Bio-Medical Model）に対比させた、「生物－心理－社会モデル」（Bio-Psycho-Social Model, BPS）を提唱しました[4]。「生物－心理－社会モデル」では、遺伝的な脆弱性や身体および疾患といった

器質的なものによる生物医学要因とともに、個人の考え方やストレスの対処機能等による心理的要因、家庭や職場や地域等の社会生活環境による社会的要因をあわせて、相互作用的（システム的）に理解することが求められています。

2　疾病・障害と生活の理解

（1）ICF（国際生活機能分類）

　前出のWHOは、2001年に、「国際生活機能分類」（International Classification of Functioning, Disability and Health, ICF）を採択しました[5]。

　疾病・障害に着目され、ICFが採択されるまで活用されたICIDH（International Classification of Impairments, Disabilities and Handicaps）と異なり、ICFでは、健康状態（Health Condition）を評価する生活機能の3つの次元を、「心身機能・身体構造(Body Functions and Structures)」「活動（Activities）」「参加（Participation）」としています。また、それぞれの背景因子として、従来の「個人因子」（年齢、性別、民族、価値観、ライフスタイル、コーピング・ストラテジー等）に加え、新たに「環境因子」という指標を設けています。環境因子には、物的環境（建物、道路、交通機関、自然環境など）・社会的環境（政策、制度、サービスなど）・人的環境（人々の社会的な態度、家族、知人・友人など）が含まれます（次頁図1－1）。

　こうした指標の変化は、疾病や健康について考える上で、個人因子と環境因子の各要素との相互作用をみることの重要性を示しています[6]。

（2）ICFの視点に基づく医療・福祉的支援のあり方

　ICFの定義に基づくと、医療および福祉的な支援を考える上で、健康状態や生活機能をとらえる際に、心身の機能や身体の構造という側面にのみ注目するのではなく、活動や参加という観点を重視することが、国際的にも求められているといえます。

　疾病・障害が主に社会的・人的環境に与える影響としては、仕事や社会的活動ができなくなる、医療や生活の費用が支払えなくなる、生活が不安定になる、社会的な役割が失われるといった諸課題が生じることがあり、これらの課題は

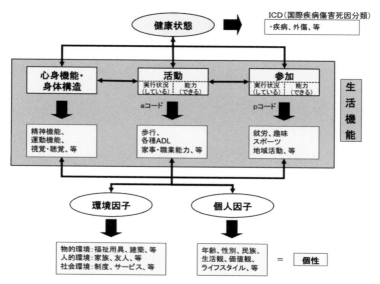

出典：厚生労働省大臣官房統計情報部編「生活機能分類の活用に向けて」2007, p.5. 7)

図1-1　ICFの概念

当事者だけでなく家族に影響することもあります。

　このような場合、医療および福祉的な支援として、まず受診・リハビリテーション・緩和ケア等の医療的支援の他、傾聴・意思決定尊重等による精神的支援、ならびに、居宅環境の調整・ピアサポート参加・支援者システムの保全・看取りを含む地域包括ケア（第11、13講参照）等制度の活用といった福祉的・社会的支援を、様々に組み合わせることが求められます。これらの支援を通して、当事者が地域において生活しやすい関係性につながるとともに、このような関係性につながりやすい地域の発展をあわせて実現することが大切になります。また、家族に関して、生涯にわたる発達に応じたライフスタイルや価値観の変化等、当事者ごとの実態に合った支援をするとともに、内縁関係や同性婚のような多様な家族形態を含む、それぞれの状況を踏まえた支援にも対応する必要が生じています。

註

1）公益社団法人日本WHO協会「健康の定義」.
　　URL：https://japan-who.or.jp/about/who-what/identification-health/（accessed 1 September 2023）.
2）World Health Organization.「『健康の社会的決定要因（SDH）』に関するWHO主要文書の邦訳」2013.
　　URL：https://extranet.who.int/kobe_centre/ja/news/SDH_20130819（accessed 1 September 2023）.
3）アーサー・クラインマン著、大橋英寿・遠山宜哉・作道信介・川村邦光訳『臨床人類学──文化のなかの病者と治療者』河出書房新社，2021.
4）小坂文昭「BPSモデルを活用して、良医をめざす」『週刊医学界新聞』第3517号，医学書院，2023.
　　URL：https://www.igaku-shoin.co.jp/paper/archive/y2023/3517_02（accessed 1 September 2023）.
5）厚生労働省「『国際生活機能分類－国際障害分類改訂版－』（日本語版）の厚生労働省ホームページ掲載について」2002.
　　URL：https://www.mhlw.go.jp/houdou/2002/08/h0805-1.html（accessed 1 September 2023）.
6）国立長寿医療センター研究所生活機能賦活研究部・大川弥生「ICF（国際生活機能分類）－「生きることの全体像」についての「共通言語」－」第1回社会保障審議会統計分科会生活機能分類専門委員会資料，2006.
　　URL：https://www.mhlw.go.jp/stf/shingi/2r9852000002ksqi-att/2r9852000002kswh.pdf（accessed 27 November 2023）.
7）厚生労働省大臣官房統計情報部編「生活機能分類の活用に向けて」2007, p.5.
　　URL：https://www.mhlw.go.jp/shingi/2007/03/dl/s0327-51-01.pdf（accessed 27 November 2023）.

〈医療と福祉の動向 1 〉
疾病構造の変化

　医療および福祉にかかわる諸課題には、社会における疾病構造の変化が影響することがあります。第 2 講では、疾病構造に関する基礎知識、疾病構造の変化とその背景、および慢性疾患の増加に伴う課題について学習します。

1　疾病構造

　疾病構造とは、特定の集団における疾病の種類とその構成の割合を示す概念です。疾病構造をみるときには、都道府県、市町村、高齢者、小児等のように、対象範囲を限定して調査が行われます。実際に、ある症状をもつ集団の特徴を見出すためには「国民生活基礎調査」等が、受療率（疾病の治療のために医療施設に入院した人、または訪問診療・往診を受けた人の数）を調べる場合は「患者調査」等が、罹患率を調べる場合は「疾病登録」等が、死亡率であれば「人口動態統計」等が活用されます。

　具体例として、日本において第一次ベビーブームが起きた1947〜1949年に生まれた、団塊の世代が挙げられます。全日本病院協会による「2025年の日本を想定した報告書」では、団塊の世代の高齢化の進展を踏まえて、2025年の状況として、悪性新生物（がん）、高血圧、脳卒中、糖尿病の増加傾向が続くとともに、筋骨格系、尿路性器系疾患、眼および付属器疾患の急増が予測され、また手術患者数が1.3倍、短期入院患者が1.7倍、慢性期入院患者数が2.5倍程度に増加するという見通しが示されています[1]。

2 人口転換と疾病構造の変化

（1）人口転換

　日本の人口動態には、近代化に伴い、多産多死型から、死亡率低下を経て、出生率が低下し、少産少死型に変化してきたという人口転換の過程がみられます[2]。

　日本では、出生率に加え死亡率も高かった江戸時代を経て、近代化が進行する明治時代以降に、出生率が高水準で推移するとともに、平均寿命が伸び、乳幼児死亡率等の低下も顕著な人口増加の時代を迎えます。第二次世界大戦後の1950〜60年頃にわたって、出生率が低下し、1975年頃には再び低下し始めるものの、死亡数が少なく、人口の増加幅が少ない少産少子時代に至りますが、2008年には少子高齢化に伴って人口減少に転じ、2040年頃には死亡数の推計が最大になる多死社会が想定されています。

　疾病構造には、人口構成との関連が強くみられます。疾病構造と集団の構成の経年的変化は連動する関係にあります。

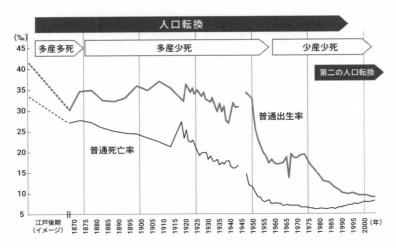

出典：須藤一紀「ピークが迫る日本の人口」第一生命経済研レポート，2005.6.[3]

図2-1　日本の人口転換（出生率と死亡率の長期変動）

（2）疫学転換

人口転換における死亡率低下の過程を、疾病構造の変化、特に主な死因の変化（死因構造の変化）から説明する理論として、疫学転換が挙げられます。疫学転換に関して、オムラン（Omran, A.）は、以下の３つの時代がみられることを指摘しています[4]。

疫病と飢饉の時代：感染症の流行・飢饉・戦乱等による死亡率が高く、変動が大きい時代

感染症の流行・パンデミックが減少する時代：感染症の制御による、死亡率低下の時代

慢性疾患の時代：脳血管疾患・心疾患等循環器系疾患・悪性新生物（がん）による死亡増加の時代

近代化を経た多くの国々では、社会経済の発展に伴い、主な死因が感染症から循環器系疾患や悪性新生物（がん）等の慢性疾患に変化してきました。日本でも、第二次世界大戦までは結核・肺炎・気管支炎等が死因の上位を占めましたが、第二次世界大戦以降、現在に至るまで、悪性新生物（がん）が死因の首位となっています。

3 慢性疾患の増加に伴う課題

日本では、出生率が人口維持に必要な水準を下回り続け、生産年齢人口は1995年をピークに減少に転じており、総人口も2008年をピークに減少しています。また医療技術のさらなる革新等により高齢者の死亡率が低下し、平均寿命はさらに延伸しています。多くの先進国に共通してみられるこうした状況を踏まえ、オルシャンスキー（Olshansky, S. J.）らは、疫学転換に関して、先のオムランによる３時代に、以下の第４の時代を加えています[5]。

変性疾患遅延の時代：循環器系疾患・悪性新生物（がん）等の変性疾患
（非感染症疾患）が慢性化し、死亡が年々遅れていった結果、平均寿命が
延伸する時代

　人口増加・高齢化と疫学転換により、中高年期での動脈硬化を背景とした脳
血管疾患・心疾患・悪性新生物（がん）が死因の上位を占めるようになりまし
た。これらの疾患の発症および進行の原因には、加齢だけでなく食事・運動・
喫煙・飲酒等の生活習慣が関連していることから、若年期からの対策が求めら
れるようになり、1996年以降、成人病を改めた、「生活習慣病」（WHOでは非感
染症疾患：NCDsと総称）という呼称が使われるようになっています[6]。代表例
として、内臓脂肪型肥満に、高血圧・糖尿病・脂質異常症を複数合併するメタ
ボリックシンドロームは、心血管系疾患を誘発するリスクも高く、このことか
ら、特に心血管系疾患は生活習慣の影響が大きいといわれています。
　またNCDs（非感染症疾患）には、がん・糖尿病・循環器疾患・呼吸器疾患・
メンタルヘルスの不調などが含まれ、その多くは急性疾患でなく、長期の経過
を辿る慢性疾患です。慢性疾患の増加に伴い、治療に掛かる医療費の増大、ま
た合併症・後遺症により自立した生活が難しくなった場合の介護費等の社会保
障給付費の増大も、社会的課題になっています。
　加えて、臓器ごとの専門分化など、専門職の役割分担が進むとともに、複数
の疾患をもつ患者が多くなり、患者中心アプローチに基づいて、疾患や障害を
もち地域で生活する患者を支援するために、多様な職種、地域の関係機関と連
携し、地域包括ケア（第11、13講参照）、地域共生社会を実現することが求めら
れるようになっています。
　疫学転換に関して、糖尿病、およびいくつかの悪性新生物（がん）には遺伝
の影響があり、また、健康状態や健康行動には患者の社会経済的状況、労働環
境、家族背景、地域性といった諸要因が影響することがあるといわれています。
このように、個人・集団の健康状態に相違をもたらしうる社会状況を、「健康
の社会的決定要因」（Social Determinants of Health, SDH）といいます[7]。地域
や社会経済状況の違いによる健康状態の差は、健康格差といわれ、こうした格

差を是正するために健康を支援する社会環境の整備があわせて求められます。

　疾病構造の変化により慢性疾患が増加したことは、罹患後に、疾病や障害をもちながら長期的に生活する人々が増加したということでもあります。このことを踏まえて、疾病により失われた生命や生活の質の総計を示す概念として、「疾病負荷」（Disease Burden）が提唱されるようになりました[8]。今日では、日本を含む世界各国において、疾病・傷害による健康損失を定量化して比較し、体系的かつ科学的に検討する「世界の疾病負荷研究」が進められています。具体的には、健康状態の比較、健康格差の定量化、研究開発の優先順位の決定、費用効果分析における介入効果の測定等に活用されています。

註

1 ）公益社団法人全日本病院協会　病院のあり方委員会編「病院のあり方に関する報告書」2015-2016年版.
　　URL：https://www.ajha.or.jp/voice/arikata.html（accessed 28 November 2023）.
2 ）内閣府「先進国の出生率の動向」2004.
　　URL：https://www8.cao.go.jp/shoushi/shoushika/whitepaper/measures/w-2004/pdf_h/pdf/g10h0300.pdf（accessed 1 September 2023）.
3 ）須藤一紀「ピークが迫る日本の人口」第一生命経済研レポート，2005.6.
　　URL：https://www.dlri.co.jp/report/dlri/04-20/0506_9.html（accessed 27 November 2023）.
4 ）門司和彦「人口・健康転換の各ステージの科学理論」『日本健康学会誌』86（5），2020, pp.181-188.
5 ）金子隆一「長寿革命のもたらす社会－その歴史的展開と課題」『人口問題研究』66（3），2010, pp.11-31.
6 ）厚生労働省e-ヘルスネット「主な生活習慣病」.
　　URL：https://www.e-healthnet.mhlw.go.jp/information/metabolic-summaries/m-05（accessed 1 September 2023）.
7 ）厚生労働科学研究「健康の社会的決定要因に関する研究班」研究報告書.
　　URL：http://sdh.umin.jp/（accessed 1 September 2023）.
8 ）佐藤敏彦他「わが国の疾病負荷等に基づく保健医療研究分野の優先順位付けに関する研究」.
　　URL：https://mhlw-grants.niph.go.jp/project/12176（accessed 1 September 2023）.

第 **3** 講

〈医療と福祉の動向2〉
病院完結型から地域完結型への変化

　医療サービスは、一つの病院で回復まで時間を掛けて支援する病院完結型医療から、医療および福祉を含め地域全体で支援する地域完結型医療に転換されつつあります。

　第3講では、このように転換されつつある医療サービスの提供体制を中心に、医療に関する政策・制度および支援の現状に関して学習します。

1　病院完結型医療から地域完結型医療への転換

　医療においては、限られた資源を活用するために、手術や高度の検査等を実施する急性期の医療機関、リハビリテーション等を行う回復期を中心とする医療機関、外来診療や在宅医療等を実施する診療所等、それぞれの医療機関の特性を活かした機能分化が推進されてきました。さらに昨今では、病床機能報告制度、診療報酬制度を通した病床の機能区分の再編が図られつつあります。病床機能報告制度とは、「医療法」（昭和23年　法律第205号）第30条の13に基づき、一般病床・療養病床を有する病院・有床診療所がもつ医療機能について、病棟単位を基本に「高度急性期」・「急性期」・「回復期」・「慢性期」の4区分から1つを選択して都道府県に報告し、都道府県が公表する制度です。また、診療報酬制度とは、医療機関や薬局が公的な医療保険の適用範囲内の医療サービスや医薬品を提供した際に対価として支払われる料金に関する制度で、2年に1度改定されています。今日では、切れ目のない地域完結型医療を実現するために、このように機能分化された医療機関の連携・協働が不可欠になっています。

　2013年に、日本の社会保障の方向性が示された「社会保障制度改革国民会議

報告書～確かな社会保障を将来世代に伝えるための道筋～」が報告されました[1]。報告では、「病院完結型」医療から、病気と共存しながら生活の質（Quality of Life, QOL）の維持・向上を目指す、住み慣れた地域や自宅で生活するための医療、地域全体で支援する「地域完結型」医療への転換、さらに、医療機能の分化・連携および地域包括ケアシステムの構築を推進し発展させるための診療報酬・介護報酬体系の見直しの必要性が明記されました。このような転換を通して、疾病の発症、急性期から慢性期にわたって、患者の病態に応じた切れ目ない医療および福祉の実現が推進されるようになっています。

2　入院医療から在宅医療へ

（1）社会的入院の背景と医療保険制度

　地域完結型医療が推進されるようになった背景として、日本では、特に入院医療に関して、「社会的入院」が課題とされてきました[2]。社会的入院という表現は、1950年代の生活保護法の医療扶助運営の指導要項において使用されるようになったといわれています。当時、医療扶助を受給する結核療養患者が、帰る家がなく長期入院せざるをえない状況にあった事態が社会問題となりました。1961年に国民皆保険制度が実施されると、精神病院が相次いで建設され、精神保健福祉の対象とされる患者の療養の場が、自宅から精神病院へと移行するようになりました。1973年には、老人医療費の無料化が実現され、社会的・経済的な理由で長期入院する高齢者が急増し、老人医療費の増大とともに、社会的入院が深刻な社会的問題として指摘されるようになりました。

　社会的入院の要因としては、高齢化の進展、疾病構造の変化、病院からの受け皿としての福祉施設の不足、家族の介護力の低下等が挙げられ、それらの課題には、患者、家族、医療機関、地域、医療福祉制度など複数の要素が相互に関連していると考えられます。

　1973年には、「老人福祉法」（昭和38年　法律第133号）が一部改正され、老人医療費支給制度が創設され、70歳以上（65歳以上の寝たきり者を含む）の高齢者の自己負担費用が全額公費で賄われることになり、高齢者の外来受診率、入院

受診率が急増しました。高齢者人口の増加とともに高齢者の受診が増加したことに相まって、高齢者医療費の増大が社会的な課題として指摘されるようになりました。1982年になると、増加し続ける老人医療費の抑制と財源の確保および疾病の予防を目的とした、「老人保健法」（昭和57年　法律第80号）（現「高齢者の医療の確保に関する法律」）が制定されました。

　老人保健制度の課題としては、高齢者の医療給付を支える現役世代と高齢者の負担にかかわる不公平感、健康保険組合等の保険者からの拠出金の負担増、加入する保険者の保険料額の格差等が指摘されてきました。1988年には、老人保健拠出金の負担増のために健康保険組合が赤字になるようになり、1999年に健康保険組合連合会が拠出金の納付を一時停止することもありました。

　前提として、国民皆保険制度は、被用者保険（労働契約に基づき、国や地方公共団体、法人などの労働者が加入）と国民健康保険（自営業者、年金生活者、非正規雇用者、被用者の家族などが加入）により実現されています。制度の構造的課題として、被用者保険には所得が高く医療費が低い現役世代が加入する一方、国民健康保険には、退職し所得が低くなるとともに高齢化により医療費は高くなる高齢者が加入することによる負担の不均衡という点も指摘されてきました。

　こうした課題に対応するため、2008年、「高齢者の医療の確保に関する法律」に基づいた後期高齢者医療制度が創設されました。また同法に基づき同じく2008年に、５年を１期として医療費の適正化を推進するための計画（医療費適正化計画）が策定されました。こうした制度変更により、75歳以上では独立した医療保険の適用とあわせて、現役世代からの支援金と公費を通して７〜９割を保障し、所得や世帯の75歳以上の人数に応じて負担を軽減するとともに、65歳から74歳では保険者間で財政調整する仕組みが設けられることになりました。

（2）在宅医療の推進

　さらに、2016年に厚生労働省主催で開催された全国在宅医療会議では、在宅医療を、「患者の療養場所に関する希望や疾病の状態等に応じて、入院医療や外来医療と相互に補完しながら、生活を支える医療」と定義した上で、急速な後期高齢者の人口割合の増加に対応して推進することが明記されました[3]。

在宅医療は、第二次「医療法」（昭和23年　法律第205号）の改正において居宅が療養の場として位置付けられたことを契機に、制度に加えられるようになりました。第五次「医療法」の改正では、医療計画制度の見直しにより、退院後の患者に対する。かかりつけ医を中心とした切れ目のない医療の提供を可能にする連携体制および在宅医療が推進されることになりました。さらに、在宅医療の提供体制に関して、都道府県が策定する医療計画に、在宅医療にかかわる医療連携体制等に関する事項および目標等を記載することが定められました。あわせて、「地域における医療及び介護の総合的な確保の促進に関する法律」（医療介護総合確保法）（平成元年　法律第64号）が改正され、地域医療介護総合確保基金により在宅医療が推進されることになりました。

　在宅医療は、医療提供システムの一形態です。在宅医療の主たる役割は、在宅においても継続的に医療および介護を提供し続けることにあります。病院等の施設ではなく、家庭等の生活の場において医療や介護を受け、最後までその人らしく生きることを支援することが大切にされています。2006年には訪問診療件数が2万件に満たない状況でしたが、2011年に2倍の4万件を超え、2019年には8万件近く増加しています4)。今後の課題として、患者および家族の支援のために、在宅医療体制、在宅サービスを支える地域の社会資源、地域医療連携および医療と介護連携、在宅医療関連制度にわたるさらなる対応が引き続き求められます。

3　地域医療連携型から地域連携へ

　これまで見てきた地域完結型医療の基本には、まず地域全体を通して支援する医療連携体制が必要であり、これを実現するために地域の複数の医療提供施設の連携を通した医療提供システムのネットワークの構築が求められています。さらに、医療提供施設間の連携はもとより、介護・福祉施設および在宅介護・福祉サービス連携を含む機関が連携し支援にあたることで、地域医療連携から地域連携への転換も求められています。

　地域医療において、診療所や病院で診療を受ける患者を、必要に応じて、よ

り高度な医療を提供する病院等に紹介することを前方連携、また、入院あるい
は外来通院中の患者を他の医療機関に紹介して継続的に連携することを後方連
携と表現することがあります。

　2017年の「医療法施行規則」（昭和23年　厚生省令第50号）の改正では、上記
のような継続医療を円滑化し、医療機能情報公表制度において地域連携の情報
を共有するために、地域連携クリティカルパス（急性期病院から回復期病院を経
て、早期に自宅等で生活できるようになるために作成され、治療を受けるすべての
医療機関において共有される地域連携診療計画書）が活用されるようになり、患
者や家族に提示・説明されるようになりました。この計画書は、診療する複数
の医療機関が役割を分担し、診療内容を患者に提示することにより、医療を安
心して受けられるよう支援するために活用されます[5]。2006年に対象とされ
た大腿骨頸部骨折に続き、2007年には悪性新生物（がん）、脳卒中、糖尿病、
急性心筋梗塞が対象に加えられるなど、地域医療連携クリティカルパスの活用
を通した地域医療連携が推進されています。

註

1 ）社会保障制度改革国民会議「社会保障制度改革国民会議報告書〜確かな社会保障を将来
　　世代に伝えるための道筋〜」2013.
　　URL：https://www.mhlw.go.jp/file/05-Shingikai-10801000-Iseikyoku-Soumuka/
　　0000052615_1.pdf（accessed 1 September 2023）.
2 ）水口由美「社会的入院に関する総合レビューとその要因モデルの構築」『Keio SFC
　　Journal』8（2）, 2008, pp.161-176.
3 ）厚生労働省「全国在宅医療会議」.
　　URL：https://www.mhlw.go.jp/stf/shingi/other-isei_364341.html（accessed 1 September
　　2023）.
4 ）厚生労働省「在宅医療の現状について」2022.
　　URL：https://www.mhlw.go.jp/content/10800000/000909712.pdf（accessed 3 November
　　2023）.
5 ）厚生労働省「地域連携クリティカルパスとは」.
　　URL：https://www.mhlw.go.jp/shingi/2007/10/dl/ s 1031-5e.pdf（accessed 1 September
　　2023）.

第 **4** 講

<医療における福祉的課題 1 >
医療倫理・患者の意思の尊重

　医療にかかわる意思決定は、患者の生命や生活に多大なる影響を与えるものと考えられることから、決定に関して患者の意思を尊重することが重視されます。

　第 4 講では、医療倫理の原則と患者の権利に関する国際的な潮流を踏まえて、患者の意思の尊重に関する制度や支援の現状について学習します。

1 　医療倫理

（1）医療倫理の 4 原則

　医療において倫理の尊重が極めて重要であることは言うまでもありません。高い倫理性をもつとともに、法令等の遵守や社会規範の尊重等を通してコンプライアンスを推進することがあわせて求められています。一方、現代の医療現場では多様な課題が生じるため、多くの医療機関、医療専門職団体等では、医療倫理にかかわる規定を設定し、公開しています。

　医療倫理の定義として、ビーチャム（Beauchamp, T.L.）およびチルドレス（Childress, J. F.）は、「自律尊重（respect for autonomy）」、「無危害（non-maleficence）」、「善行（beneficence）」、「正義（justice）」の 4 原則を示しています[1]。「自律尊重」原則は、個人の自律性を尊重しなければならないという原則で、医療を必要とする人がすべての必要な情報を与えられた上で自由な意思決定を下せるよう、適切な情報提供、教育、支援等を求めています。「無危害」原則とは、人に危害を与えることをすべきでないという原則です。一方、「善行」原則とは、患者にとっての最善を図ることを意味します。例えば、身体に傷を付ける手術

等の場合、危害だけでなく有益な治療効果があることから、最善を図るための医療行為として認められることになります。さらに「正義」原則は、医療を必要とする人に公平・公正に対応することを求める原則です。資源に限界のある医療提供においては、優先順位の決定が必要になることがありますが、その場合も明確なルールに基づいて、すべての患者に平等に対応することが必要になります。

特に「自律尊重」原則は、第二次世界大戦中、強制収容所などで行われた人体実験にかかわる医療裁判を踏まえ、医学研究における人体実験の倫理指針として1947年に採択された「ニュルンベルク綱領」に基づいており、患者・被験者の権利として遵守することが求められます[2]。また1964年には、世界医師会により「ヘルシンキ宣言」が採択され、治療を含む医学研究に関してインフォームド・コンセントが不可欠であることが明記され、被験者の国際水準の権利が確立されました。1973年にはアメリカ病院協会において「患者の権利章典に関する宣言」が承認され、1981年には世界医師会により「患者の権利に関するWMAリスボン宣言」が採択されるなど、「自律尊重」原則は今日の医療倫理の基盤として国際的に重視されています。

なお、患者の生命・生存に差し迫った重大な危機を避ける方法が他になく、やむをえず行った行為については、「刑法」第37条、「民法」第698条等を基に緊急避難とみなされ、違法性が阻却されて罰せられないことがあります。

（2）患者の権利

このような医療倫理を尊重するために重視されるのが、傾聴と対話です。医療、福祉等にかかわる専門職は、例えば、終末期医療のあり方に関して、積極的な治療を継続するのか緩和医療を活用するのかなど、判断の難しい場面に対応しなければなりません。こうしたなかで注目されてきた支援方法のひとつに、患者、家族等が語る話（narrative）や様子に耳を傾け、また心に留めながら、対話を通して課題の解決を図る、ナラティブ・アプローチがあります。

また日本では、日本弁護士連合会が、1992年に、「患者の権利の確立に関する宣言」を公開しました[3]。2011年には、患者の権利に関する法律の制定を

求める発議を行っています。この発議では、患者が、常に人間の尊厳を侵されないこと、安全で質の高い医療を平等に受ける権利を有すること、疾病または障害を理由として差別されないこと、インフォームド・コンセントが十分に実践され患者の自己決定権が実質的に保障されること、可能な限り通常の社会生活に参加し通常の私生活を営む権利を有すること、国および地方公共団体は患者の権利を保障するための施策を実施する義務を負うことが挙げられました。

　1991年には、「与えられる医療から参加する医療へ」をスローガンとする患者の権利法をつくる会の活動等により、医療の基本理念、医療政策の基本原則、医療・医療政策にかかわるすべての関係者の義務と権利を含む、医療基本法の制定に関する議論が行われるようになりました。2013年になると、患者の権利法をつくる会が、医療基本法要綱案を独自に作成し公開しました4)。同案には、個人の尊重、自己情報に関する権利、知る権利、自己決定権、不当な拘束等の虐待を受けない権利、臨床試験における権利、医療被害の救済を受ける権利、苦情の解決を求める権利、患者の責務にわたる事項が含まれています。前述したアメリカ病院協会「患者の権利章典に関する宣言」や、イギリスの「患者の権利憲章」（1991年）など、医療における患者の権利に関する法規定が国際的に実現されるなか、日本でも、法規定に基づいた患者の権利の擁護が求められています。

2　患者の意思の尊重

　患者と、専門職である医療従事者との間には、あらかじめ「情報の非対称性」（両者がもつ情報の量および質の格差）があるため、患者の意思を尊重し、患者が最善の医療を受けることができるように支援することが特に求められています5)。また、患者は専門的な知識や技能をもつ医療従事者に従えばよいといったパターナリズム（父権主義）に陥らないことも重要です。そのためにも、治療に関する情報を十分に提供した上で医療に関する患者の意思を尊重する、「インフォームド・コンセント」を実現することが求められます。

　一方、判断能力が十分でない人への医療に関連して、例えば、入院時の費用

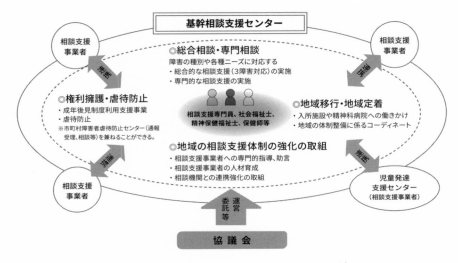

図4-1　基幹相談支援センターの役割のイメージ

の支払い、緊急時の連絡、退院等の支援に際して、家族等に確認する必要が生じる場合があります。また少子高齢化が進む今日では、患者に身寄りがない、家族や親族等に連絡がつかない、家族等の支援が得られないといった事態が問題になることがあり、こうした場合は、医療に掛かるまでに支援してきた専門職等（ケアマネジャー、社会福祉士、相談支援専門員、成年後見人等）と連携して、本人の意思を尊重した医療を進める必要が生じます。このような専門職による直接の支援がない場合は、高齢者では市町村または地域包括支援センター、障害者では市町村、基幹相談支援センター（図４－１参照）、経済的困窮者では福祉事務所、生活困窮者相談窓口の支援を得ることがあります。

　相談支援においては、相談に対応するとともに、必要に応じて関係機関や関係者との間で調整を行うことが大切になります。具体的には、本人の医療・ケアチームとともに医療についての情報提供および意思決定支援をしたり、意思決定が困難な場合に医療機関等に設置された倫理委員会等の活用や調整にかかわったり、悪性新生物（がん）に関してがん連携拠点病院の相談支援センターに配置されるがん専門相談員等と協力したりして支援を進めます。

註

1）宮坂道夫「医療倫理の4原則とは？」Web医事新報，No.4929，日本医事新報社，2018.
　URL：https://www.jmedj.co.jp/journal/paper/detail.php?id=10849（accessed 1 September 2023）.

2）文部科学省　学術変革領域研究　学術研究支援基盤形成　生命科学連携推進協議会「法令・指針リンク（国際的な倫理指針・条約）」.
　URL：https://square.umin.ac.jp/platform/elsi/link.html（accessed 1 September 2023）.

3）日本弁護士連合会「患者の権利の確立に関する宣言」.
　URL：https://www.nichibenren.or.jp/document/civil_liberties/year/1992/1992_3.html（accessed 1 September 2023）.

4）患者の権利法をつくる会「医療基本法要綱案」2013.
　URL：http://kenriho.org/legislative/medicalbasicactcommentary.pdf（accessed 1 September 2023）.

5）厚生労働省「地域の医療提供体制における医療情報提供のあり方について」2011.
　URL：https://www.mhlw.go.jp/stf/shingi/2r9852000001ywey-att/2r9852000001ywkd.pdf（accessed 1 September 2023）.

6）厚生労働省「基幹相談支援センターの役割のイメージ」2014.
　URL：https://www.mhlw.go.jp/file/06-Seisakujouhou-12600000-Seisakutoukatsukan/0000100547.pdf（accessed 5 November 2023）.

第 5 講

〈医療における福祉的課題2〉
その他の課題

　これまでみてきたように、医療における福祉的課題には、疾病構造、医療制度、少子高齢化、家族形態の変化等、多様な要素が関係しています。

　第5講では、さらに現代社会における特徴的な課題を理解するため、代表的な疾患・状況として、難病、終末期ケア、依存症、認知症、自殺企図、虐待に関連する現状と課題、そして支援のポイントについて学習します。

1　難　病

　難病は、治療が難しく慢性の経過を辿る疾病と定義されています[1]。日本では、1967年から1968年頃に全国規模で多発したスモン（視神経を侵し、同時に脊髄炎を合併する病気。当初は原因不明の疾病として社会問題化され、社会的対応が要望された。後に、当時使用された整腸剤キノホルムによる薬害と判明した）を契機に、1972年に難病対策要綱が策定されました。この際に、難病は、「原因不明、治療方針が未決定で、かつ後遺症を残すおそれが少なくない疾病」、「経過が慢性にわたり、単に経済的問題のみならず介護等に等しく人手を要するために家族の負担が重く、また精神的にも負担の大きい疾病」と定義されました。

　2014年には、「難病の患者に対する医療等に関する法律（難病法）」（平成26年法律第50号）が成立しました。この際に、難病は、「発病の機構が明らかでなく、かつ、治療方法が確立していない希少な疾病であって、当該疾病に罹かることにより長期にわたり療養を必要とすることとなるもの」と定義されています。

難病と指定された場合、患者には医療受給者証が発行され、医療費が助成されます。医療費助成の対象になる疾患は指定難病といわれ、難病法の定義に加えて、患者数が一定の人数に達しない（人口の約0.1％程度）こと、診断に関し客観的な指標による一定の基準が定まっていることという2条件を満たす必要があります。

　難病には、原因がわからない、治療法がないといった特性があるため、患者やその家族には大きな不安や困難が生じます。内部疾患の場合は、周囲からわかりにくいことなどからサポートを受けにくく、不利益を被ることがあります。また指定難病に該当しない場合は、制度が適用されないことから、支援が不十分な場合があります。難病の支援においては、症状、予後、障害の内容や程度、必要なケアの方法等が多様であるため、それぞれの特性や状況を踏まえた理解および対応が大切になります。

2　終末期ケア

　終末期は、日本老年医学会により、病状が不可逆的かつ進行性で、可能な限りの治療によっても病状の好転や進行の阻止が期待できなくなり、近い将来の死が不可避となった状態と定義されています[2]。終末期の期間は多様ですが、一般に、予後6ヶ月以内とされています。終末期ケアの類似語として、エンドオブライフケア、緩和ケア、ホスピスケア、サポーティブケア等が挙げられ、重なり合う概念として理解されています。

　終末期ケアの特性には、死が避けられないことがあります。そうしたなかで、医療制度改革では、治療内容や入院計画によって、転院、施設入所、在宅療養等の医療福祉サービスの利用を検討する必要が生じることもあります。また、少子高齢化、家族形態の変化により、単身高齢者も増加しており、高齢夫婦による介護が増える傾向も見られます。こうした状況を考慮しつつ、急性期の治療が終了した後の、患者の状況に応じた医療・福祉サービスを検討することが必要になります。その際、将来を想定した患者の意思決定を尊重するために、患者の価値観を明らかにし、今後の治療やケアの内容、療養場所等に関する意

向や、自身の判断が難しくなった場合の対応に関して共有する過程である、「アドバンス・ケア・プランニング」（Advance Care Planning, ACP）が活用される場合があります[3]。

　終末期ケアのイメージとして、高齢者の病気等の進行に伴って必要となる場合が一般的には想定されるかもしれませんが、若年者でも事故等により突然に終末期ケアが必要になる場合もあります。若年者では、就学や就労、子育て、経済的変化等にわたる多様な課題が生じることがあり、ライフサイクルや死を迎えるまでの過程が異なるため、終末期ケアにおいては年齢に応じて利用可能な社会的資源を活用しながら支援体制を構築することが求められます。

3　依存症

　依存症に関して、WHO（世界保健機関）は、「精神に作用する化学物質の摂取や、快感・高揚感を伴う行為を繰り返し行なった結果、さらに刺激を求める抑えがたい渇望が起こり、その刺激を追及する行為が第一優先となり、刺激がないと精神的・身体的に不快な症状を引き起こす状態」と定義しています。また、アメリカ精神医学会の精神医学診断基準であるDSM−5では、ギャンブル障害を行動に対する「プロセス依存」として、物質依存と共通の疾患カテゴリーに含めています。日本でも、2018年に、「ギャンブル等依存症対策基本法」（平成30年　法律第74号）が成立しました。2019年には、ギャンブル障害、ゲーム障害は、WHOで承認された病気の分類であるICD−11にも新たに加えられています。このように依存症には、物質依存と、プロセス依存の2種類があると理解されています[4]。物質依存とプロセス依存を含む概念として、今日では、嗜癖（addiction: アディクション）という表現が用いられます。

　依存症の理解と支援においては、依存症に関係する社会的孤立の理解と、生活と脳機能の障害との関係に留意することが求められます。

　依存症の主な要因には、生来的な体質や遺伝子の関与、うつ病等の精神的な要因や性格傾向、幼少期からの虐待やいじめ等の逆境体験、依存対象と容易に接触しやすい環境等が挙げられます。生活の困窮、生きづらさを支えてくれる

社会的な関係の脆弱さ等が背景にあることもあります。家族等が気づいて医療機関等に相談することから見出されることが少なくありませんが、一方で本人は、受診や支援を拒否したり、中止したりする場合もあります。こうした場合、家族等の負担感が増大して、本人との関係性や家庭環境に影響が生じ、結果として依存症が進行する可能性もあります。依存症問題についての専門的な医療機関である、精神保健福祉センター等の社会資源を活用し、本人や家族等への適切な支援を継続することが大切です。

4 認知症

　認知症とは、「一度正常に達した認知機能が後天的な脳の障害によって持続的に低下し、日常生活や社会生活に支障をきたすようになった状態をいい、それが意識障害のない時にみられる」ものと説明されています[5]。認知症には病型があり、アルツハイマー病、血管性認知症、レビー小体型認知症、前頭側頭葉型認知症を四大疾病といいます。症状には、大別すると、認知機能障害である中核症状と、精神面・行動面にわたる周辺症状があり、後者の周辺症状は「認知症の行動・心理症状」（Behavioral and Psychological Symptoms of Dementia, BPSD）と総称されます。

　団塊の世代が75歳以上になる2025年に向けて、2015年に「認知症施策推進総合戦略（新オレンジプラン）」が、また、2019年には「認知症施策推進大綱」が策定され、一般病院での対応を含む、共生と予防が目標とされています。認知症は高齢になるほど増える傾向にあるだけでなく、高齢者では悪性新生物（がん）、心疾患、糖尿病等の有病率も高くなるため、入院などの環境の変化に伴い、認知症の発症や悪化が生じやすくなる上に、認知症が身体疾患の診断、治療、予後に影響を与えうることも懸念されます。

　認知症と診断された場合でも、本人や家族の生活の質を保持することが求められます。生活支援に加え、治療方針の決定、財産管理等においても家族だけでは対応できない場合も生じうるため、包括的な支援が重要になります。具体的な支援の例には以下が挙げられます。

・介護保険：認知症と診断された場合、40歳以上65歳未満でも介護保険サービスが適用される。

地域包括支援センターや市区町村窓口に申請して要支援または要介護と認定された場合、通所介護や訪問介護等のサービスや給付金を受けることができる。

・医療費負担：精神科通院が継続的に必要な場合、市区町村の福祉課や保健所に申請して認定されると「自立支援医療制度」に基づいて医療費の自己負担が1割になる。

・年金受給：認知症と診断された初診日に、国民年金に加入している場合に障害基礎年金が、また厚生年金に加入している場合に障害厚生年金が受給できる。

・日常生活自立支援：地域包括支援センターや社会福祉協議会に申請し、福祉や医療に関する情報提供や相談、事務手続き・金銭管理・通帳等の保管に関する支援を受けることができる。

精神障害者保健福祉手帳をもつ場合、市区町村の精神保健福祉窓口や保健所に申請すると、所得税・住民税・相続税の控除、生活福祉金の貸付、NHK受信料の減免、自動車税・自動車取得税の減免等の対象になる。

・就労支援：精神障害者保健福祉手帳をもつ場合、障害者就業・生活支援センター等で相談支援を受けることができる。

市区町村から障害者福祉サービス受給者証を交付されている場合、就労移行支援事業所で訓練の提供や就職活動の支援を受けることができる。

また、独居、高齢者世帯では、判断能力の低下に伴い、自身の世話を放棄するセルフネグレクトが生じることがあり、介護保険制度、成年後見制度等を活用しながら、本人の意思を尊重する支援があわせて求められます。

5 自殺企図

自殺は、精神保健上の問題に加え、生活の困窮や孤立等の様々な要因により

生じ、その多くが防ぐことのできる社会的な問題として理解されています[6]。日本では、1998（平成10）年以降、国内の自殺者数が3万人を超える状態が続き、2006年に成立した「自殺対策基本法」（平成18年　法律第85号）、2007年に閣議決定された「自殺総合対策大綱」等の影響により自殺者数全体では減少傾向にあります。一方で、子ども・若者の自殺死亡率はほぼ変わらず、10歳代後半から30歳代における死因の第1位が自殺であるなど、さらなる対策が求められる状況にあります。

　自殺の背景には複数の要因があるといわれますが、自殺未遂歴があることは危険因子として重視されます[7]。心身の状況に加え、生活の問題や社会的な環境の変化等を含む情報の収集や事実確認を行いながら、自殺の危険性を評価し、地域の多様な関係者とのネットワークを活用して、信頼できる支援者との関係構築、利用できる社会資源の利用等により、再度の自殺企図を予防することが求められます。

　自殺が生じてしまった場合、遺族（自死遺族）への影響を少なくすることも大切な課題になります。自殺防止対策の段階である、予防（プリベンション）、危機介入（インターベンション）に加え、自死遺族に適切なケアを行うことで、心理的影響を可能な限り少なくする事後の対応(ポストベンション)（postvention）も重要です。

6　虐　待

　日本では、現在、児童、高齢者、障害者それぞれに対する虐待を防ぎ、保護するための措置や支援が法制化されています。2000年に成立した「児童虐待の防止等に関する法律（児童虐待防止法）」（平成12年　法律第82号）では、18歳未満を対象に、身体的虐待、性的虐待、ネグレクト、心理的虐待に関する措置が定められています。また、2005年に成立した65歳以上を対象とする「高齢者虐待の防止、高齢者の養護者に対する支援等に関する法律」（平成17年　法律第124号）、2011年に成立した障害者基本法規定障害者を対象とする「障害者虐待の防止、障害者の養護者に対する支援等に関する法律」（平成23年　法律第79号）

では、身体的虐待、性的虐待、ネグレクト、心理的虐待に加えて、経済的虐待も防止されるべきことが規定されています。

　虐待が発生する要因は単一とは限らず、多くは環境等の社会的要因を含む複合的な要因が関係しており、それぞれの要因や関係性を踏まえた課題の解決のための連携・協働した支援が必要になります。

　児童虐待を予防する取り組みとして、児童相談所の虐待対応ダイヤルである「189」（いちはやく）や、親子のための相談LINE等が活用されています。産前産後の心身の不調や妊娠・出産・子育てに関する悩みをもつ家庭を支援するために、生後4ヶ月までの乳児のいるすべての家庭を訪問する「乳児家庭全戸訪問事業」（こんにちは赤ちゃん事業）、支援が必要にもかかわらず適切な支援を受けることが困難な家庭に適正な支援を行う「養育支援訪問事業」、地域で子育て家庭を支援する「地域子育て支援拠点事業」をはじめ、切れ目のない相談支援等を行う「子育て世代包括的支援センター」の全国的な展開のための整備が推進されています。

　また、高齢者虐待では、市町村に対して、「介護保険法」第115条の45第2項第2号により、虐待の予防および早期発見のための事業その他の、被保険者の権利擁護のため必要な援助を行う事業を実施することが義務付けられています。市町村にはまた、高齢者虐待防止ネットワークを構築し、高齢者や養護者に対する適切な支援を行うために関係する機関や団体との連携協力体制を整備することが求められています。この他に、介護保険事業者等により構成される「保健医療福祉サービス介入ネットワーク」では、発生した高齢者虐待にどのように対応するかがチームによって検討され、具体的な支援が行われます。保健医療福祉分野の範囲を超える対応では、警察・消防、法律関係者、精神保健分野等の専門機関や専門職と連携する「関係専門機関介入支援ネットワーク」により支援を行うことがあります。また、住民を中心とする「早期発見・見守りネットワーク」が、高齢者の虐待の防止、早期発見、見守り機能を担っています。

　さらに、障害者虐待では、養護者、障害者福祉施設従事者や、使用者等による虐待の防止および早期発見のために、地域における支援ネットワークの構築、施設における研修の受講や第三者評価の実施等に取り組むとともに、自立支援

協議会等においてリスクの要因を低減させるための関係機関の連携が必要とされています。

註

1）厚生労働省「難病に関する留意事項」.
　URL：https://www.mhlw.go.jp/file/06-Seisakujouhou-11200000-Roudoukijunkyoku/0000199957.pdf（accessed 28 November 2023）.
2）日本老年医学会「『高齢者の終末期の医療およびケア』に関する日本老年医学会の『立場表明』」『日本老年医学会雑誌』38, pp.582-583, 2001.
　URL：https://www.jpn-geriat-soc.or.jp/proposal/pdf/old_v_jgs-tachiba2001.pdf（accessed 1 September 2023）.
3）木澤義之「アドバンス・ケア・プランニング――いのちの終わりについて話し合いを始める」厚生労働省　人生の最終段階における医療の普及・啓発の在り方に関する検討会, 2017.
　URL：https://www.mhlw.go.jp/file/05-Shingikai-10801000-Iseikyoku-Soumuka/0000173561.pdf（accessed 1 September 2023）.
4）厚生労働省「依存症についてもっと知りたい方へ」.
　URL：https://www.mhlw.go.jp/stf/seisakunitsuite/bunya/0000149274.html（accessed 1 September 2023）.
5）一般社団法人日本神経学会「認知症ガイドライン2017」.
　URL：https://www.neurology-jp.org/guidelinem/nintisyo_2017.html　（accessed 28 November 2023）.
6）厚生労働省「自殺対策」.
　URL：https://www.mhlw.go.jp/stf/seisakunitsuite/bunya/hukushi_kaigo/seikatsuhogo/jisatsu/index.html（accessed 1 September 2023）.
7）厚生労働省「こころの耳（用語解説：自殺の危険因子）」.
　URL：https://kokoro.mhlw.go.jp/glossaries/word-1877/（accessed 1 September 2023）.

第 **6** 講

〈政策・制度および支援 1 〉
医療にかかわる政策・制度

　医療に関する重要な政策として、まず保険医療政策が挙げられます。

　第 6 講では、保険医療政策・制度の体系および運営に関する基礎知識、そして現在の動向と今後の課題を中心に学習します。

1　保険医療制度の体系

　保険医療制度は、大別すると、医療提供体制と、医療費の保障制度から構成されます[1]。前者は、保健医療に関する行政機関（保健所等）、医療提供施設（病院、診療所、薬局等）、在宅医療サービス（訪問看護等）、保健医療専門職（医師、歯科医師、薬剤師、看護師等）等により構成される、保険医療サービスを提供する体制です。後者は、医療保険、公費負担医療制度等、患者が負担能力にかかわらず必要に応じて医療を受けられるよう、高額になりがちな医療費の一部を公的に保障する制度です。医療費の保障、健康保険については、第 8 講で詳しく学習します。

　被保険者は、職域または地域の医療保険のいずれかに加入し、制度を運営する保険者に保険料を納付しなければなりません。被保険者が病気になると、保険診療を行う医療機関を受診し、検査や治療のサービスを受けることになります。現役世代であれば、医療機関の窓口で医療費の 3 割の一部負担金を支払います。残りの 7 割は、医療機関が審査支払機関に請求することになります。審査支払機関は、医療機関から提出された診療報酬明細書（レセプト）を審査し、保険者にかわって診療報酬を支払います。保険者は、被保険者に、傷病手当金

等の現金給付も行います。

　医療提供体制の基本（医療の理念、医療提供施設に対する規制、医療計画等）は「医療法」（昭和23年　法律第205号）に規定され、医療費保障制度は「健康保険法」（大正11年　法律第70号）、「国民健康保険法」（昭和33年　法律第192号）等により規定されています。

2　保険医療制度の運営

　国（厚生労働省）は、医療提供体制、医療保険に関する制度を整備します。実際に地域の医療提供体制の確保に責任を負うのは、都道府県になります。都道府県は、国の法令および指針を基に、実情に応じて医療提供体制を確保する医療計画（「医療法」に基づく）、医療費適正化を推進する都道府県医療費適正化計画（「高齢者の医療の確保に関する法律」に基づく）等を策定します。

　都道府県の出先機関として、「地域保健法」（昭和22年　法律第101号）に基づいた保健所があります。保健所では、対物保健、対人保健、企画調整の業務が所管されています[2]。対物保健では、食品衛生、生活衛生に関係する業務、病院・診療場等の医療監視（検査、指導等）が実施されます。対人保健では、感染症対策、AIDS・難病対策、精神保健対策、母子保健対策等が行われ、市町村の保健サービスに対する援助や助言が実施されます。企画調整では、地域の医療計画の立案および維持、所管の市町村全域にわたる調整、医事・薬事衛生業務等が実施されます。

　医療保険制度を運営する保険者には全国健康保険協会（協会けんぽ）や健康保険組合があり、国民は就労の有無や形態等によりいずれかの保険に加入する必要があります。所得が低く保険料を負担できない場合や、長期の療養を必要として医療費が高額になり患者一部負担金が支払えない場合などには、国や地方自治体が税財源で医療費の保障を行います。

3 保健医療政策・制度の動向

　医療費は増加傾向にあり、国民医療費のうち後期高齢者（75歳以上）医療費の金額および割合は年々増加しています。国民医療費の増加原因には、医療技術や薬剤の革新、高齢化の進行等が挙げられます。

　国民医療費が増加すると、これを補う財源が必要になります。公費負担が増加すると、国の一般会計歳出が増加し、財政赤字増加の一因になるといわれます。高齢者の医療費が増加すると、高齢者の保険料だけでなく、これを支える現役世代の負担も増え、財政面から医療保険制度全体に影響を与える可能性が懸念されます。近年の保険医療政策では、医療費の適正化（医療費の抑制）、国民健康保険制度等の財政運営の安定化が課題とされています[3]。

　医療費を抑制するための短期的方策としては、診療報酬引き下げ、患者負担引き上げ、医療保険のサービスの縮小等が挙げられます。中長期的方策には、高齢者の自立支援や重度化防止等に関する取り組みを推進するための保険者機能の強化、医療提供体制の効率化が挙げられます。全国健康保険協会（協会けんぽ）や健康保険組合といった健康保険事業の運営主体である保険者は、運営する医療保険の財政運営に責任をもち、特定検診・特定保健指導の強化、重症化予防対策の推進等の生活習慣病の予防対策、後発医薬品（ジェネリック）の使用促進に取り組んでいます。都道府県では、効率的な医療提供体制を整備するために、医療提供施設、病床機能の分化・連携が推進されています。

　後期高齢者医療制度では、後期高齢者の医療費の財源として、公費負担に加えて現役世代を対象とする各医療保険の保険料が納付されることから、後期高齢者の医療費が増加すると、後期高齢者支援金が増大し、現役世代の保険料負担が増加します。今日、人口減少、地域の過疎化の進行、低所得世帯の増加に伴い、国民保険の財政は厳しい状況にあるといわれます。国民皆保険を支える医療保険制度の財政運営を安定させるため、後期高齢者医療制度、前期高齢者医療費の財政調整制度等による保険者間の財政調整とともに、公費負担の投入が拡大されています。2018年に、市区町村が保険者であった国民健康保険の運営が都道府県単位に広域化され、都道府県と市区町村により共同して運営され

ることになりました。被用者を対象とする健康保険の財政も同様に厳しいことから、後期高齢者医療費の抑制強化についても検討されるようになっています。

註

1）厚生労働省「我が国の医療保険について」.
  URL：https://www.mhlw.go.jp/stf/seisakunitsuite/bunya/kenkou_iryou/iryouhoken/iryouhoken01/index.html（accessed 1 September 2023）.
2）日本医師会「保健所が担う様々な仕事」『DOCTOR-ASE』No.37, 2021.
  URL：https://www.med.or.jp/doctor-ase/vol37/37page_id03main4.html（accessed 1 September 2023）.
3）厚生労働省「国民健康保険制度」.
  URL：https://www.mhlw.go.jp/stf/seisakunitsuite/bunya/kenkou_iryou/iryouhoken/koukikourei/index_00002.html（accessed 1 September 2023）.

第 7 講

〈政策・制度および支援 2〉
医療サービスの提供体制

医療分野の政策・制度および支援においては、医療法に基づき、医療サービスを提供する体制が制定されています。

第 7 講では、医療法の理解に続いて、医療提供施設に関する規定、医療提供にかかわる体制整備の現状と構想、そして在宅医療に関する現状に関して学習します。

1 医療法

「医療法」（昭和23年　法律第205号）は、医療を受ける者の利益を保護し、良質かつ適切な医療を効率的に提供する体制の確保を図り、国民の健康の保持に寄与するために制定されています（第 1 条）。

同法では、医療の提供に関する理念が定められ、病院および診療所等の開設・管理にともなう許可や届出、病院の人員や設備の基準等が規定されました。1950年には医療法人制度が追加され、1980年以降は数年おきに改正されるようになり、その過程で、医療を受ける者（患者）の医療の適切な選択の支援、医療の安全の確保、医療提供施設の整備および医療連携体制等が含まれるようになりました。

医療の提供に関する理念には、医療における生命の尊重と個人の尊厳の保持と、医療提供と福祉サービス等との連携における効率性の、大きく 2 つの分野が挙げられます。前者に関して、医療は、患者の心身の状況に応じて行われるもので、良質で適切であることが求められます。また後者に関しては、医療提供施設の機能に応じて効率的に福祉等と連携を図りつつ、医療を提供すること

が求められています。

　これらの理念を踏まえ、医療提供に関して、医療法に基づく多様な制度が定められています。以下では、主に、医療に関する選択の支援、医療の安全の確保、医療法人、病院や診療所の開設・管理（2.「医療提供施設」参照）、医療提供体制の確保および地域医療連携推進法人（3.「医療提供体制の整備」参照）にかかわる諸制度について解説します。

（1）医療に関する選択の支援

　患者が医療提供施設を選択するためには、病院や診療所から、医療に関する正確な情報が適切に提供されることが必要です。医療法では、医療に関する情報の提供、および広告の制限について、以下のように規定されています。

　第一に、医療に関する情報の提供は、病院や診療所における医療機能を記載した書面またはインターネットの閲覧、あるいは、医療機能情報提供制度を通して行われます。後者の医療機能情報提供制度では、医療機関に関する情報を都道府県知事に報告することが病院等に対して義務付けられ、報告された都道府県知事により、情報がインターネットで公表されます（医療情報ネット）[1]。情報提供の内容には、診療科目、診療日、診療時間等の基本情報に加えて、当該施設で対応する疾患の種類や治療内容等が挙げられます。

　また、病院や診療所の管理者には、入院患者に対し、治療内容等の情報を記載した書面を交付し、説明することが義務付けられています。情報には、担当医の氏名、傷病名や主な症状、入院中に行われる検査・手術・投薬等の治療計画等が挙げられます。

　第二に、広告の制限では、虚偽の広告の禁止、広告の内容や方法の基準、ならびに、広告が認められる事項について定められています。これらのうち、広告の内容や方法の基準に関しては、他の病院や診療所に比較して優良であるといった広告をしない、誇大な広告をしない、公の秩序や善良の風俗に反する内容を広告しないこと等が定められています。また、広告が認められる事項には、診療科名、施設名称、所在地・電話番号、診療日・診療時間、予約診療の有無、病床数、医師や看護師等の従業者数、施設・設備、当該病院または診療所で提

供される医療の内容等が挙げられます。

（2）医療の安全の確保

医療の安全を確保するために、病院等の管理者には、事故予防策など医療の安全を確保する措置を講じることが義務付けられています。また、医療勤務環境改善マネジメントシステムが努力義務とされてもいます[2]。事故発生後の対応としては、医療事故調査制度が制定されています[3]。

医療安全を確保する措置としては、医療安全管理全般、院内感染対策、医薬品の安全使用、医療機器の安全確保等が定められています[4]（表7-1）。また、医療従事者の資質向上、行政処分を受けた医療従事者に対する再教育についても定めています。

医療安全確保を支援する機関として医療安全支援センターがあり、医療安全支援センターを設置する努力義務が都道府県等にあります[5]。医療安全支援センターでは、患者および家族の苦情対応、患者・家族・病院等の管理者への助言、病院等の管理者や従業者への医療安全研修等が実施されます。

医療事故の予防のためには、医療従事者の勤務環境の改善が必要になる場合があります。病院等の管理者には、前述の医療勤務環境改善マネジメントシステムに関する指針等に基づいて、医療従事者の勤務環境の改善その他の医療従事者の安全確保に資する措置を講じる努力義務が課されています。改善措置と

表7-1　医療安全確保措置

	措　　置
医療安全管理体制	医療安全管理指針整備、医療安全委員会設置、職員研修、医療機関内における事故報告等
院内感染対策	院内感染対策指針策定、院内感染対策委員会開催、院内感染対策研修等
医薬品の安全確保	医薬品安全管理責任者配置、医薬品安全使用研修、医薬品安全使用業務手順書作成、未承認医薬品使用や適応外使用等の情報収集
医療機器の安全確保	医療機器安全管理責任者配置、医療機器安全使用研修、医療機器保守点検計画策定、保守点検実施、未承認医療機器使用等の情報収集等

して、改善方針の表明、協議組織の設置、勤務環境の現状把握、客観的分析、改善目標の設定、改善計画の作成、改善計画の実施、評価等が挙げられます。

　医療事故が発生した場合、医療事故調査・支援センターに対して、事故発生時に日時、場所、状況等を報告し、調査終了時に結果を報告する義務があります[6]。同センターは、厚生労働大臣による指定法人で、2015年より一般社団法人日本医療安全調査機構が指定されています。センターでは、医療事故が発生した病院の管理者等の医療関係者や遺族等から調査依頼があった場合、調査を行い、医療事故の再発予防に関する普及啓発を担っています。

（3）医療法人

　病院や診療所の開設主体には国、地方公共団体、日本赤十字社、恩師財団済生会、厚生農業協同組合連合会、医療法人、個人等があり、最も多いのが医療法人です。医療法人とは、病院、医師や歯科医師が常時勤務する診療所、介護老人保健施設または介護医療院を開設しようとする社団または財団で、一定の非営利性を備えています。医療機関を法人化することにより、経営の安定性、永続性が確保されやすくなります。医療法人を設立する場合、法人が所在する都道府県知事の認可（2以上の県等にまたがる場合は国）が必要になります[7]。

2　医療提供施設

　医療提供施設には、以下の表7－2のように、病院、診療所、介護老人保健施設、介護医療院、調剤を実施する薬局その他の医療を提供する施設が含まれ（「医療法」第1条の二2）、一般に、病院と診療所を医療機関といいます。介護老人保健施設、介護医療院は、指定介護老人福祉施設（特別養護老人ホーム）とともに、「介護保険法」（平成9年　法律第123号）に基づく施設サービスを担当する介護保険施設に位置付けられます。医療提供施設には、「医療法」をはじめ、介護保険法、医薬品、医療機器等の品質、有効性および安全性の確保等に関する法律が関係します。

　病院、介護老人保健施設、介護医療院、薬局を開設する際、都道府県知事の

表7-2　医療提供施設

医療提供施設	定　義
病　院	医師または歯科医師が、公衆または特定多数人のため医業または歯科医業を行う場所であり、20床以上の病床がある施設
診療所	医師または歯科医師が、公衆または特定多数人のため医業または歯科医業を行う場所であり、病床のないもの（無床診療所）または19床以下の施設（有床診療所）
介護老人保健施設	心身の機能の維持回復を図り居宅における生活を営むことができるようにするための支援が必要な要介護者に対し、看護、医学的管理の下における介護および機能訓練その他必要な医療ならびに日常生活上の世話を行う施設
介護医療院	長期にわたり療養が必要な要介護者に対し、療養上の管理、看護、医学的管理の下における介護および機能訓練その他必要な医療ならびに日常生活上の世話を行う施設
薬　局	薬剤師が販売または授与の目的で調剤の業務を行う施設（医薬品の販売に必要な場所を含む。病院、診療所等の調剤所を除く）

　許可を受ける必要があります。診療所については、原則として届出ですが、有床診療所の場合等では、同様に都道府県の知事の許可が求められます。

　病院には、「医療法」を基に、名称独占の承認を受ける仕組みにおいて、地域医療支援病院、特定機能病院、臨床研究中核病院といった種類が設けられています。病院の医療機能を明確にするため、病床数、診療科、人員設備等に関して承認基準があります。

　「医療法」に規定はないものの、厚生労働省の通知を踏まえて、一定の医療機能をもつ病院を指定する制度が活用されることもあります。代表例としては、救急救命センター、災害拠点病院、総合周産期母子医療センター、地域がん診療連携拠点病院等が該当し、医療機能を反映した施設設備、人員等に関する基準が設けられています。

　病床については、「医療法」により、5種類の区分が設定されており、入院患者に対して一定の医療従事者の配置が必要になります。5種類のうち、「精神病床」、「感染症病床」、「結核病床」では各疾病の患者を対象とし、「療養病床」では主に長期にわたる療養を必要とする患者を対象とし、「一般病床」で

はこれら以外を対象とします。

　また、病院の種類や病床における保険診療では、種類に応じて、入院基本料、入院基本料等加算、特定入院料等の項目で、診療報酬の算定基準が設定されています。具体例としては、特定機能病院入院基本料、地域医療支援病院入院診療加算、総合周産期特定集中治療室管理料等が挙げられます。一般病床、療養病床では、原則として60床以下を標準とする病棟を対象に、一般病棟入院基本料、療養病棟入院基本料等のように、入院基本料に多段階の算定基準が設けられています。病棟における看護職員の配置等を算定要件として、人員配置の手厚さに応じて点数が定められています。さらに、診療報酬制度においては、病床および病院の医療機能に応じて診療報酬上の類型が設定され、回復期リハビリテーション病棟入院料、地域包括ケア病棟入院料、専門病院入院基本料等のように、保険診療における診療報酬の算定区分が設定されています。

3　医療提供体制の整備

　医療提供体制では、「医療法」に基づいて、良質かつ適切な医療が効率的に提供されることが期待されています。「医療法」では、医療提供体制を確保するため、厚生労働大臣が定める基本方針、都道府県知事が定める医療計画、医療従事者の確保、公的医療機関の開設者の範囲等にわたる様々な制度が設けられています。

　医療計画は、都道府県において当該都道府県の医療提供体制を確保するために定められます。内容は、医療圏の設定、5疾病5事業（後述）に関する事項、病床規制、地域医療構想等にわたります[10]。

　医療圏とは、5疾病5事業に関する事項等が定められた、病床規制を行う際の地域的な区分となっています。医療圏には、一次医療圏、二次医療圏、三次医療圏の3種類があります。一次医療圏は、一般に、日常的な疾病や外傷の診療、疾病の予防や健康管理等のプライマリケアを提供する圏域で、市町村の区域が単位になります。二次医療圏は、高度・特殊な専門医療以外の一般の入院医療を、設定した区域ごとに提供する圏域で、地理的条件、交通事情、受療行

動等を踏まえて、都道府県内に複数設定されます。三次医療圏は、高度・特殊な専門医療を提供する圏域で、都道府県を１単位とし、臓器移植等の先進的な技術を必要とする医療、高圧酸素療法等の特殊な医療機器を必要とする医療等が提供されます。他にも、発生頻度が低い疾病の医療、急性中毒等の専門性の高い救急医療等も含まれます。

　５疾病５事業の５疾病とは、悪性新生物（がん）、脳卒中、心筋梗塞等の心血管疾患、糖尿病、精神疾患をいいます。５事業とは、救急医療、災害医療、僻地医療、周産期医療、小児医療の５つになります。

　医療計画では、これらの５疾病５事業と在宅医療について、一定の圏域を定めて、医療連携体制を記載することが求められます。記載内容は、医療需要や医療資源等に関する現状、急性期・回復期・維持期といった病期ごとに必要な医療機能、課題や数値目標を達成するための施策、各医療機能を担う具体的な医療機関の名称等になります。

　病床規制は、各医療圏における病床数が一定の基準を超えないようにする制度です。基準病床数の設定と、基準を超える場合の規制により構成されます。療養病床と一般病床にかかる基準病床数が二次医療圏ごとに、精神病床、結核病床、感染症病床それぞれにかかわる基準病床数が三次医療圏ごとに設定されます。病床数が基準病床数に達していて、病院の開設や増床により基準病床数を超過する場合、都道府県知事は、公的医療機関等に開設等の許可を与えないことができます。医療法人等には、開設の中止、病床数の削減を勧告できます。勧告に従わない場合、厚生労働大臣は、当該病院に対する保険医療機関の指定の登録を取り消すことができます。

　地域医療構想では、団塊の世代がすべて75歳以上の後期高齢者になる2025年に向けて、病床の機能分化と連携を推進するために、同年の医療需要が推計され、病床の必要量が、医療機能（高度急性期・急性期・回復期・慢性期の区分）ごとに定められています。医療を必要とする高齢者の増大が見込まれるため、医療機能ごとに、医療需要に対応する医療提供体制の確保が求められます。地域医療構想は、地域の関係者が協力して医療機関の役割分担や連携の仕組みを構築する取り組みであり、前述の二次医療圏を基本に都道府県によって策定さ

れ、医療計画に位置付けられます。

　医療需要と病床の必要量の推計に必要なデータは、病床機能報告により集計されます。一般病床および療養病床をもつ院と診療所は、病棟単位で、病床の機能区分、構造設備、人員配置、医療内容に関する現状と将来の予定を都道府県知事に報告しなければならないことになっています。都道府県はこれらのデータを基に医療需要を推計し、病床の区分ごとに2025年の病床の必要量が算定されます。病床の必要量と現状を比較し、同年までに目指す医療提供体制と実現のための方策が、地域医療構想調整会議の協議において検討されます。

　地域医療構想を実現する方策の一つに、都道府県知事が地域医療連携推進法人を認定する制度があります。地域医療連携推進法人とは一般社団法人で、業務として医療機関間で病床機能の分担や連携を進めることが期待されています。

4　在宅医療

　「医療法」による医療提供の理念では、居宅、養護老人ホーム、特別養護老人ホーム、有料老人ホーム等も医療提供の場に含まれます。居宅等におけるこれらの医療を、在宅医療といいます。在宅医療では、住み慣れた地域において、入院医療、外来医療、介護・福祉サービス等と補完し合って患者の日常生活を支援します。公的医療保険でも、在宅医療は、居宅における療養上の管理および療養に伴う世話その他の看護として、療養給付の対象とされています[8]。在宅医療の担い手には、在宅療養支援診療所、訪問診療、訪問看護、訪問リハビリテーション、居宅療養管理指導等が挙げられます。

　在宅療養支援診療所は、地域における在宅療養の提供に主たる責任を有する診療所です[9]。保険医療機関としての診療報酬制度における施設類型で、一定の基準に適合した上で、地方厚生局長への届出が求められます。24時間連絡を受ける体制、24時間の往診体制、24時間の訪問看護体制、緊急時に保険医療機関に入院可能な体制の確保や、連携する医療機関等への情報提供等が基準になります。在宅療養支援病院は、在宅療養支援診療所が地域にない場合、在宅療養支援診療所の役割を担います。原則として、200床未満、過疎地域では280

床未満の病院であることが求められます。

　診療報酬制度において、在宅で療養を行う患者が、疾病・障害のために通院が困難な場合に、保険医療機関により、定期的な訪問診療が行われます。在宅で療養を行う患者とは、保険医療機関、介護老人保健施設または介護医療院で療養を行う患者以外の患者で、有料老人ホーム等に入居する患者も含まれます。往診は、訪問診療と異なり、診療報酬制度を基に、患者または家族等から電話等で直接訪問依頼があった場合、保険医療機関から患者宅に出向いて診療を行います。

　訪問看護を行う事業者は、「介護保険法」に基づく指定居宅サービス事業者等の指定を受けることで、「健康保険法」（大正11年　法律第70号）に基づく指定訪問看護事業者の指定も受けたものとされます。一方、保険医療機関については、訪問看護を行う指定居宅サービス事業者とみなされます。訪問看護とは、看護師等が居宅を訪問し、主治医の指示や連携により行われる看護です。患者が介護保険の要介護認定または要支援認定を受けた場合、原則として、介護保険による給付が優先され、公的医療保険による訪問看護の対象にはなりません。

　訪問リハビリテーションでは、理学療法士、作業療法士または言語聴覚士により、居宅においてリハビリテーションが行われます。

　居宅療養管理指導では、居宅要介護者に、病院・診療所または薬局の医師・歯科医師・薬剤師・歯科衛生士・管理栄養士等による、療養上の管理および指導が行われます。居宅療養管理指導では、介護保険から居宅介護サービス支給費が支給されます。保険医療機関と保険薬局については、居宅療養管理指導を行う指定居宅サービス事業者とみなされます。

註

1）厚生労働省「医療機能情報提供制度（医療情報ネット）について」.
　URL：https://www.mhlw.go.jp/stf/seisakunitsuite/bunya/kenkou_iryou/iryou/teikyouseido/index.html（accessed 1 September 2023）.
2）厚生労働省「医師の働き方改革・医療従事者の勤務環境の改善について（勤務環境改善

マネジメントシステムの概要）」.

URL：https://www.mhlw.go.jp/stf/seisakunitsuite/bunya/kenkou_iryou/iryou/quality/（accessed 1 September 2023）.

3）厚生労働省「医療事故調査制度について」.

URL：https://www.mhlw.go.jp/stf/seisakunitsuite/bunya/0000061201.html（accessed 1 September 2023）.

4）厚生労働省医療安全対策検討会議「今後の医療安全対策について」2005.

URL：https://www.mhlw.go.jp/topics/bukyoku/isei/i-anzen/3/kongo/02.html（accessed 1 September 2023）.

5）医療安全支援センター総合支援事業Website.

URL：https://www.anzen-shien.jp/（accessed 1 September 2023）.

6）一般社団法人日本医療安全調査機構（医療事故調査・支援センター）Website.

URL：https://www.medsafe.or.jp/（accessed 1 September 2023）.

7）厚生労働省「医療法人・医業経営のホームページ」.

URL：https://www.mhlw.go.jp/stf/seisakunitsuite/bunya/kenkou_iryou/iryou/igyou/index.html（accessed 28 November 2023）.

8）厚生労働省「在宅医療の推進について」.

URL：https://www.mhlw.go.jp/stf/seisakunitsuite/bunya/0000061944.html（accessed 1 September 2023）.

9）日本訪問診療機構「在宅療養支援診療所」.

URL：http://jvmm.jp/zaitaku-intro.php（accessed 1 September 2023）.

10）厚生労働省「医療計画」.

URL：https://www.mhlw.go.jp/stf/seisakunitsuite/bunya/kenkou_iryou/iryou/iryou_keikaku/index.html（accessed 1 September 2023）.

第 **8** 講

〈政策・制度および支援3〉
医療費の保障

　医療費を保障する代表的な制度には、社会保険、公費負担医療、無料低額診療、および診療報酬制度が挙げられます。

　第8講では、こうした制度の基礎知識を中心に、医療と福祉の関わりについての学習に取り組みます。

1　医療費の保障制度

　国民が経済状況にかかわらず必要な医療を受けられるように、医療費を保障する制度が制定されています。

　医療費を保障する制度には、大別すると、社会保険と、公費負担医療があります。

（1）社会保険

　社会保険では、対象者（後述）は強制加入となり、保険料の拠出とあわせて医療費の受給権が付与されます。医療費の保障にかかわる社会保険には、①「医療保険」（本講2（1）参照）と[1]、②「労働者災害補償保険」（労災保険）（本講2（2）参照）があります[2]。

　①医療保険は、公務員や民間企業のサラリーマンを対象とした「被用者保険」（職域保険）と、地域住民を対象とした「地域保険」に大別されます。国民皆保険制度に基づいて、国民は、職域、居住地または年齢に応じていずれかの制度に加入することになっています。

「被用者保険」には、大企業が単独で、または同一業界の企業が集まって設立する「健康保険組合」（健保組合）による組合勧奨健康保険、健保組合の設立が困難な中小企業等の被用者が加入する「全国健康保険協会管掌健康保険」（協会けんぽ）、公務員や私立学校教職員等が加入する「共済組合」があります。
　「地域保険」には、都道府県と市町村が共同して運営する「国民健康保険」があります。国民健康保険の被保険者は、被用者保険、後期高齢者医療制度の加入者、生活保護世帯等を除いた当該都道府県の住民になります。被用者保険ではないため、保険料の事業主負担はありません。退職者、非正規労働者、長期療養者等が加入し、財政状況が厳しい状態にあり、被用者保険との間で、65〜74歳の前期高齢者の医療費の負担について財政調整されています。また、国民健康保険には、医師国保組合等のように、同業同種の従事者を組合員として設立された国民健康保険組合（国保組合）もあります。
　一方、②「労働者災害補償保険」（労災保険）は、労働災害が生じた場合の事業主の損害賠償責任を履行するために設けられています。労働者は、原則として、保険料を支払うことなく労災保険に加入し、自己負担なく医療を受けることができます。

（2）公費負担医療

　さらに、医療費保障制度には、「公費負担医療制度」（本講3参照）が含まれます[3]。国や地方自治体が政策目的を実現するため、社会保険がカバーしない医療費の一部または全部を税財源で負担します。国の法律に基づく公費負担医療制度には、「感染症法の予防及び感染症の患者に対する医療に関する法律」（平成10年　法律第114号）、「精神保健及び精神障害者福祉に関する法律」（昭和25年　法律第123号）、「母子保健法」（昭和40年　法律第141号）、「児童福祉法」（昭和22年　法律第164号）、「戦傷病者特別援護法」（昭和38年　法律第168号）等による給付等があります。
　この他、「無料低額診療」では、医療機関が自らの財源で低所得者を無料で診療したり、患者の一部負担が免除されたりします。

2 医療保険制度と労働者災害補償保険（労災保険）制度

医療保険制度と、労働者災害補償保険（労災保険）制度について、それぞれ以下のような特性がみられます。

（1）医療保険制度

被用者保険の保険料では、被保険者の給与、賞与等の報酬に応じた額が課されます。保険料は保険者により異なりますが、概ね報酬の10％前後で、原則として、被保険者と事業主が労使折半し、事業主に納付義務があります。被保険者の被扶養者については、保険給付が行われますが、保険料を支払う義務はありません。

都道府県の国民健康保険の場合、市区町村が国民健康保険料または国民健康保険税を徴収します。保険料（税）の算定方法、賦課額等について、市区町村の条例により定められます。被用者保険と異なり、国民健康保険には被扶養者の概念がなく、加入者はすべて被保険者になります。保険料（税）については、世帯単位で算定され、世帯主に納付義務があります。

後期高齢者医療制度でも、加入者はすべて被保険者になりますが、保険料は世帯単位ではなく、加入者ごとに算定され、市区町村に納付する義務を負います。

国民健康保険、後期高齢者医療の保険料では、市区町村に直接支払うことになります。65歳以上で老齢基礎年金等が年額18万以上である等の要件に該当すると、普通徴収（保険料、税金の納付義務がある個人が納める方法）を希望する場合等を除いて、住民税、介護保険料とともに年金から特別徴収（保険料、税金が公的年金から控除）されます。

国民健康保険、後期高齢者医療制度では、低所得者が加入しており、保険料を負担できない場合があるため、所得水準に応じて保険料が減免されます。災害、事業廃止等で生活が困難になった際の減免措置、解雇や雇い止めで失業した者等への軽減措置もあります。

特別な事情がなく、保険料の納付期限を過ぎても保険料（税）を納付しない

者に対して、市区町村は督促状等により催告します。それでも納付しない場合、通常の被保険者証にかえて、短期被保険者証、被保険者資格証明書を交付する他、給付の差し止め、滞納処分（差し押さえ等）が行われることがあります。

　医療保険の給付では、法律で種類や要件が定められた法定給付と、健保組合等が任意に給付を行う付加給付（国保組合では任意給付）があります。法定給付には、以下のように、医療費を保障する医療給付と、治療期間中の所得保障等を目的とする現金給付があります。付加給付は健康保険が独自で行なっている給付で、協会けんぽや、都道府県等が行う国民健康保険に付加給付の制度はありませんが、健保組合や、国保組合において規約に定める自己負担限度額を超えた金額の給付を通して一部負担金の軽減等が行われています。

1）医療給付

　医療給付は、療養の給付と、療養費に区分されます。給付の基本になるのは、現物給付である療養の給付です。患者は医療機関で医療サービス（療養の給付）を受けますが、この際、医療機関の窓口で一部負担金を負担するだけになります。一部負担金を除く残りの医療費については、保険者から審査支払い機関を通じて医療機関に支払われます。療養の給付を受けられるのは、健康保険法に基づいて厚生労働大臣が指定した保険医療機関のみです。

　療養費は、所定の認められた場合に、医療費を一旦全額自己負担し、後からその費用が払い戻される制度で、家族療養費、入院時食事療養費や、高額療養費等があります。健康保険法では、被保険者の家族（被扶養者）が医療サービスを受ける場合、窓口で一旦医療費の全額を支払い、後日に保険者に申請し、療養の給付に相当する現金を家族療養費として受け取るというのが本来の仕組みになります（療養費払い）。ただ実際には、利便性を踏まえて、窓口の時点で一部負担金を負担するのみとなっており、現物給付の取り扱いがされています。この現物給付化については、入院時食事療養費、高額療養費の一部等でも実施されています。

　医療保険の対象になる給付は、疾病等に対する有効性・安全性が認められる治療に限定され、表8−1（次頁）のように、治療でないもの、安全性等が確認されていないもの、個人の好みを求めるもの等は給付の対象とされません。

保険診療と保険外診療（自由診療）を併用して治療を受ける場合、保険診療の部分を含め、医療費の全額が自己負担になります（混合診療の禁止）。ただし、入院基本料、大病院の初診等の選定療養のように、厚生労働大臣が認めた一定の医療については、例外として保険外併用療養費の対象になるものがあります。

表8-1　医療保険の給付対象にならないもの

内　容
正常な妊娠・分娩の費用
健康診断
予防接種
美容整形
眼鏡・補聴器・義眼・義肢等、治療でないもの
先進医療等、有効性・安全性が確認されていないもの
入院時室料差額（差額ベッド費用）
金歯等、個人の選択によるもの
一般用医薬品（大衆薬）　　　　　　　　等

２）現金給付と一部負担金の支払い

① 現金給付

　現金給付には、医療給付の対象にならない費用の補填と、休業補償の性格をもつものがあり、被保険者に支給されます。前者には、出産育児一時金と、埋葬料・葬祭費があります。出産育児一時金は、被保険者、被扶養者が分娩した場合に支給されます。埋葬料等は、被保険者、被扶養者が死亡した場合に支給されます。

　休業補償の性格をもつ現金給付には、傷病手当金と、出産手当金があります。傷病手当金は、被用者保険の被保険者が療養のため就労できない場合、所得保障として支給されます。支給期間は、同一傷病につき支給開始日から最長１年６ヶ月になります。国民健康保険では、自営業者等の保険であるため、国保組合を除いて、傷病手当は一般に支給されません。出産手当金は、被用者保険の被保険者が産前産後休暇を取得し、この間に賃金の支払いを受けなかった場合に支給されます。支給額は、両手当金とも、標準報酬日額の３分の２になります。休業・休暇中に賃金が支払われますと、その分が減額されます。

② 一部負担金の支払い

　患者は、医療サービスを受ける対価として、医療機関や薬局の窓口で、一部負担金を支払います。負担額は、医療費の一定割合（定率負担）とされ、年齢区分、所得水準により割合が異なります。

定率負担の場合、一部負担金の額は医療費に比例し、額によっては負担できない場合が生じえます。そのため、自己負担に限度額を設定する、高額療養費制度が設けられています。高額療養費制度は、１ヶ月に支払う一部負担金が高額になった場合、自己負担限度額を超えた分を保険者が払い戻す給付です。一つの医療機関の窓口負担が限度額を超えなくても、別の医療機関の負担を合算した額が限度額を超えれば、高額療養費が支給されます。保険者から事前に交付された限度額適用認定証を医療機関に提示すると、窓口での支払いが限度額ですみます。

　高額療養制度における自己負担限度額は、年齢、所得水準により細かく設定されています。低所得者、高齢者の場合、現役世代と比較し、限度額が低くなっています。例えば、高額な治療が長期に継続する人工透析を必要とする慢性腎不全や、血友病および血液凝固因子製剤の投与に起因するHIV感染症の場合は、自己負担限度額は原則として月１万円とされています。

　高額療養費制度では、負担をさらに軽減するために、多数回該当、世帯合算があります。多数回該当では、窓口負担が過去12ヶ月以内に３ヶ月（回）以上限度額に達した場合、４回目以降は、多数該当の限度額が適用され、自己負担限度額がさらに引き下げられます。世帯合算では、１人分の窓口負担で限度額を超えなくても、同じ世帯の同一の医療保険に加入する家族の窓口負担を１ヶ月単位で合算でき、その合算が一定額を超えると、高額療養費が支給されます。自己負担の合算・軽減の仕組みは、介護保険との間においても設けられています（高額医療・高額介護合算療養費制度）。

（２）労働者災害補償保険（労災保険）制度

　労災事故が発生すると、事業主に災害補償責任が生じます。事業主の労働者への補償を迅速かつ確実にするために設けられた仕組みとして、労災保険制度があります。事業主は国（保険者）に保険料を拠出し、国により事業主にかわって給付が行われることになります。労災による傷病では、医療保険は適用されず、労災保険で医療を受けなければなりません。

　労働災害には、業務災害と、通勤災害があります。業務災害とは、労働者が

業務において被った負傷・疾病・障害または死亡をいい、過失の有無を問わず、事業主の責任になります。一方、通勤災害とは、通勤中の事故により労働者が被った傷病等をいい、事業主に補償責任はありませんが、給付の対象とされています。労働災害が生じたら、労働者が労災給付を受けるために、労働基準監督署に申請し、認定を受ける必要があります。業務災害による傷病のための医療費を保障するのは、療養補償給付（通勤災害の場合、療養給付）になります。被災した労働者が労災病院（独立行政法人労働者健康安全機構直営）、労災指定医療機関等（都道府県労働局長が指定）を受診した場合、現物給付されます。その他の医療機関を受診した場合、労働者は窓口で一旦医療費の全額を支払い、後日現金で償還されます。療養補償給付では、事業主の責任であるため患者負担はありませんが、療養給付では患者にも若干の負担が求められます。

3　公費負担医療制度

　公費負担医療は、特別な政策目的を達成するため税財源で医療費を負担する制度で、公費優先と保険優先の仕組みがあります[4]。前者の公費優先では、医療費の全額が公費で支払われます。後者の保険優先では、まず医療保険が適用され、一部負担金が公費で肩代わりされます。いずれにおいても、患者や家族の所得に応じて費用が徴収されることがあります。

　公費優先の医療の具体例としては、戦傷病者の傷病、被爆者の原爆症の治療など、国家責任の観点から公費で行われるものがあります。一方、保険優先の医療は、障害福祉、疾病対策、公衆衛生、国家補償、健康被害の救済等の観点から公費で負担されます。保健優先の医療のうち代表的な例を以下に挙げます。

（1）障害者総合支援法による自立支援医療

　「障害者の日常生活及び社会生活を総合的に支援するための法律（障害者総合支援法）」（平成17年　法律第123号）による自立支援医療のうち、更生医療、育成医療では、障害者、障害児の身体障害を除去、軽減する手術等について患者負担を軽減することが目的とされています。精神通院医療は、通院医療を継

続的に要する病状にある者の負担を軽減する制度です。これらの医療は、都道府県知事が指定する指定自立支援医療機関において行われます。

（2）難病法による特定医療費

　難病（原因が不明で治療方法が未確立の希少な疾病で長期の療養を必要とする）者は、障害者総合支援法に基づいた福祉サービスを受けることができますが、医療には、自立支援医療でなく、「難病の患者に対する医療等に関する法律（難病法）」（平成26年　法律第50号）が適用されます。指定難病（難病のうち、患者数が一定数に達せず、かつ、客観的な診断基準がある等の条件に適っている）の患者で病状が一定の基準を満たす者等は、まず、医療保険の対象になります（保険優先）。その際、一部負担金に対して特定医療費が支給され、患者負担は2割になります。所得水準に応じた自己負担限度額があり、患者負担が限度額を超えた場合、その超えた部分も公費負担になります。

（3）精神保健福祉法による措置入院

　「精神保健及び精神障害者福祉に関する法律（精神保健福祉法）」（昭和25年法律第123号）による入院には、任意入院、措置入院、医療保護入院等があります。任意入院、医療保護入院は、本人や家族の同意によるため、公費負担の対象ではありません。一方、措置入院では、入院しないと自傷他害の可能性がある場合、都道府県知事が指定病院等に入院させる制度に基づいて、医療保険の一部負担金が公費で負担されます（保険優先）。強制的措置の場合でも、治療に必要な保護であることから、低所得者を除いて、月2万円を限度に費用が徴収されます。

（4）生活保護法による医療扶助

　生活保護の被保護者が病気になった場合、福祉事務所に医療補助を申請します。福祉事務所は、医療の要否を判定して、医療券を発行します。被保護者は、指定医療機関に医療券を提示し、公費で医療を受けることになります。指定医療機関への診療報酬の支払いについては、保護した地方自治体が行います。

被保護者が、国民健康保険、後期高齢者医療制度の被保険者の場合、生活保護を受けるとその資格を喪失し、医療費全体が生活保護法による医療扶助の対象になる一方、被用者保険の被保険者の場合、生活保護を受けても被保険者資格は失われず、医療費の一部負担金のみが生活保護法による医療扶助の対象になります（保険優先）。ただ、被保護者が医療扶助以外の、他の公費負担医療を受けることができる場合は、他の制度が優先適用されます（他法優先）。この際、患者負担があれば、その部分が医療扶助の対象になります。

（5）自治体による医療費助成事業

自治体の多くでは、国の法令や補助制度ではなく自治体独自の判断により一般財源で行う地方単独事業として、条例に基づいて、子ども、ひとり親家庭、障害者等への医療保険の一部負担金を公費で助成しています（保険優先）。国は、一部負担金が医療保険制度における負担の公平や受診の適正化の観点から設けられた趣旨を踏まえ、一部負担金を減免する自治体に対して補助金を減額しています（子どもに対する助成を除く）。

4　無料低額診療

無料低額診療は、「社会福祉法」（昭和26年　法律第45号）に基づいて、生計困難者のために無料または低額の料金で診療する第二種社会福祉事業です[5]。生活保護を受けていないが、医療費を支払うことができない、例えば、低所得者、要保護者、路上生活者、ドメスティック・バイオレンスの被害者、人身取引被害者等が対象に含まれます。

無料低額診療では、診療施設と社会福祉協議会・福祉事務所との間で、対象者の収入等の要件や医療費の減免方法が決められ、患者に診療券が発行されます。診療券をもつ患者が診療施設の窓口を訪れると、支払いが減免され、診療施設が肩代わりすることになります。

無料低額診療事業を行う場合、都道府県に届出する必要があります。その際、①診療施設において医療費の減免方法を明示する、②生活保護受給者と無料ま

たは診療費の10%以上の減免を受けた者の延数<ruby>延数<rt>のべすう</rt></ruby>が取り扱い患者の総延数の10%以上である、③生活相談に応じるため医療ソーシャルワーカーを配置する、④生計困難者に定期的に無料の健康相談や保健教育等を行う等が求められます。この事業を行う施設では、固定資産税の非課税等といった税制上の優遇措置が適用されます。

5　診療報酬制度

　日本では、診療報酬制度に基づいて、保険医療機関による医療保険加入者への保険診療が行われています[6]。保険診療の対価は、一部負担金を除いて、内閣が全体の改定率を定め、厚生労働大臣の諮問機関である中央社会保険医療協議会（中医協）が社会保障審議会（医療部会・医療保険部会）の基本方針を基に具体的な診療報酬点数について審議する公定価格により、保険者（全国健康保険協会、健康保険組合）から診療報酬として支払われます。診療報酬は、個々の医療技術、サービス、医薬品ごとに、全国一律の1点10円で計算されます。

　医療保険の診療報酬点数表等は、他の制度でも利用されます。代表的な例には、労災保険の診療報酬が挙げられます。ただし、労災保険では、1点が12円等とされている他、独自の算定基準が定められています。公費負担医療においても、診療報酬点数表が用いられますが、特殊性に配慮した基準が設定されている場合があります。

　診療報酬は2年に1度改定されます。国民医療費の動向や医療機関の経営等に影響しうることを踏まえ、まず、内閣が予算編成過程において診療報酬改定率を決定します。個々の点数設定、算定要件等について、厚生労働省の社会保障審議会による基本方針を基に、中央社会保険医療協議会の諮問および答申を経て、厚生労働大臣により決定されます。

　診療報酬は、医療保険で使用される技術およびサービスの評価と、物の価格の評価により構成されます。技術およびサービスの料金を定める点数表として、医科診療報酬点数表、歯科診療報酬点数表、薬剤報酬点数表があり、物の価格が薬価基準、材料価格基準により定められています。

医科診療報酬点数表は、基本診療料と特掲診療料から構成されます。前者の基本診療料は、外来診療の初（再）診料、入院時の基本的医学管理・看護・療養環境等一連の費用を評価する入院基本料、人員配置・特殊な診療の体制等に応じ算定する入院基本料等加算、集中治療・回復期リハビリテーション等の特定の機能を有する病棟や病床に入院した場合に算定される特定入院料、日帰り手術等の環境・術前術後の管理等を評価する短期滞在手術等基本料より構成されます。後者の特掲診療料は、医学管理等、在宅医療、検査、画像診断、投薬、注射、リハビリテーション、精神科専門療法、処置、手術、麻酔、放射線治療、病理診断の13分野にわたります。調剤報酬点数表は、保険薬局の調剤に対する報酬の価格表になります。薬価基準は保険診療に使用することができる医薬品の銘柄と価格を定め、材料価格基準では特定保険医療材料（ペースメーカー、人工関節等）の価格を定めています。

　診療報酬の支払い方式は、出来高払いが原則になります。出来高払いでは個々の診療行為の点数を積み上げて算定する方式になりますが、検査や投薬をすればするほど点数が積み上がり、医療機関の利益が増加する仕組みであるため、過剰診療になることがないように、急性期入院医療ではDPC（診療群分類総括評価）による包括払い（傷病名と診療行為の組み合わせにより分類された診断群分類ごとに1日当たりの入院費を包括的に評価し、その定額を患者が在院日数に応じて支払う仕組み）が導入されています。

　保険医療機関や保険薬局では、医療に要した費用を定められた方法によって算定しており、その算定に基づいて診療報酬が支払われます。具体的には、診療報酬明細書（レセプト）に月単位の医療費を記載し、診療翌月に保険者に請求することになります。ただし、保険者はレセプトの審査・支払いの事務を審査支払機関に委託しており、保険医療機関はレセプトを審査支払機関に直接送付します。

　審査支払機関では、記載の誤り等のチェックに加えて、医師等から構成される審査委員会により治療内容の医学的妥当性が判断されます。審査が終わると、審査支払機関が保険者に支払いを請求し、保険者から納付された診療報酬が、診療の翌々月に保険医療機関等に支払われます。審査支払機関には、特別民間

法人である社会保険診療報酬支払基金（支払基金）と、都道府県ごとに共同設立された国民健康保険の保険者である、国民健康保険団体連合会（国保連）があります。

註

1）厚生労働省「我が国の医療保険について」.
　URL：https://www.mhlw.go.jp/stf/seisakunitsuite/bunya/kenkou_iryou/iryouhoken/iryouhoken01/index.html（accessed 1 September 2023）.
2）厚生労働省「労災補償」.
　URL：https://www.mhlw.go.jp/stf/seisakunitsuite/bunya/koyou_roudou/roudoukijun/rousai/index.html（accessed 1 September 2023）.
3）社会保険診療報酬支払基金「公費負担医療制度のしくみ」.
　URL：https://www.ssk.or.jp/smph/goannai/kohoshi/kouhosi_kouhi.html（accessed 1 September 2023）.
4）同上.
5）厚生労働省社会・援護局総務課「無料低額診療事業について」2008.
　URL：https://www.mhlw.go.jp/shingi/2008/01/dl/s0121-7d.pdf（accessed 1 September 2023）.
6）厚生労働省「診療報酬制度について」.
　URL：https://www.mhlw.go.jp/bunya/iryouhoken/iryouhoken01/dl/01b.pdf（accessed 1 September 2023）.

第 9 講

〈政策・制度および支援4〉
住居、教育、就労に関する政策・制度

　医療・福祉両分野にかかわる制度として、患者の生活の場が病院等の医療機関から家庭や地域に移行する過程で、生活にかかわる様々な政策や制度が活用されています。

　第9講では、主に住居、教育、就労、社会参加への支援に関する政策・制度に関して学習します。

1　退院から生活の場の確保にかかわる政策・制度

　医療の現場においては、患者が治療を終えても入院前と同じ生活に戻れないケースや、そもそも入院前から生活の場がなかった等のケースもあります。このような際に、住居を確保するための支援が求められることがあります。

　国民が居住の場を安定して確保することができるように、日本では、「住宅確保要配慮者に対する賃貸住宅の供給の促進に関する法律」（平成19年　法律第102号）に基づいて、国や地方公共団体によって必要な措置を講じることが定められています。住宅確保要配慮者とは、低所得者、被災者、高齢者、障害者および子ども（18歳に達する日以後の最初の3月31日までの者）を養育している者、その他住宅の確保に特に配慮を要する者として国土交通省令で定める者とされています。低所得の基準は、公営住宅法に定める算定方法によるものとされています。

　2017年には、住宅セーフティネット制度が開始され、公営住宅に加え、民間の空き家・空き室を、住宅確保要配慮者（低額所得者、被災者、高齢者、障害者、

子育て世帯、外国人等）の入居を拒否することのない賃貸住宅として登録する制度が導入されました[1]。登録された住宅は、セーフティネット住宅情報提供システムWeb Pageから検索し閲覧することができます。住宅を登録するためには、耐震性や床面積などについての一定の基準に適合する必要があります。住宅を登録する際に、障害者の入居を拒否しない、高齢者・低所得者・被災者の入居を拒否しないといったように、住宅確保要配慮者の範囲を限定して登録することができます。国や地方公共団体により、登録住宅の改修費の補助や入居者負担の軽減のための経済的支援がなされ、家賃と家賃債務保証料を低額に保つための補助も実施されています。

　賃貸住宅への入居に関する情報提供や相談、見守り等の生活支援、登録住宅への入居者への家賃債務保証等の業務を行う組織として、居住支援法人があります[2]。居住支援法人にはNPO法人等が含まれ、都道府県が指定することになっています。

　ひとり親による養育の場合、母子世帯には、「児童福祉法」（昭和22年　法律第164号）に基づいた母子生活支援施設、「売春防止法」（昭和31年　法律第118号）に基づいた婦人保護施設が利用されることがあります。ドメスティック・バイオレンス等が関係する場合、「配偶者からの暴力の防止及び被害者の保護等に関する法律」（平成13年　法律第31号）、「ストーカー行為等の規制等に関する法律」（平成12年　法律第81号）に基づいた支援が行われることがあります。

　高齢者や生活困窮者では、現金が用意されていても住宅の確保が難しいことがあります。このような場合の福祉的居住施設として、「社会福祉法」（昭和26年　法律第45号）に基づいた無料低額宿泊所が活用されることがあります。また、2019年の「生活保護法」（昭和25年　法律第144号）および「社会福祉法」の改正、ならびに、2020年の無料低額宿泊所の規制強化に伴い、必要な日常生活支援を提供する仕組みとして、日常生活支援住居施設が導入されました[3]。金銭管理や生活支援が必要な場合、精神面の支援を含むハウジング・ファーストといわれる取り組みが活用されることがあります。

　生活保護受給者には、代理納付に関する手続きが設けられています[4]。家賃債務保証業にも、一定の要件を満たす業者を国に登録する制度（家賃債務保

証業者登録制度）が制定され、家賃債務保証業者や居住支援法人が登録住宅に入居する住宅確保要配慮者に家賃債務を保証する場合に、住宅金融支援機構が保証を保険する仕組み（住宅金融支援機構による家賃債務保証保険）も開始されています。

　保護者による養育が難しい等の理由で社会的養護を必要とする子どもの入所施設として、乳児院、児童養護施設があります。施設を退所した若者の自立生活を支援する施設として、児童自立生活援助事業（自立援助ホーム）が活用されることがあります5）。子どもがより家庭的な環境において養育されることの重要性が認識されるにつれて、小規模住居型児童養育事業（ファミリーホーム）、里親制度も注目されるようになっています。

2　教育への参加ならびに就労および社会参加にかかわる政策・制度

　子どもが病院に入院した場合、特別支援学校（分教室または教員による訪問教育を含む）あるいは特別支援学級に在籍して病院内で学校教育を受けることがあります。国連総会において2006年に採択され日本では2013年に批准された「国連障害者権利条約」、2011年に改正された「障害者基本法」（昭和45年　法律第84号）等に基づいて、病気や障害のある子どもにインクルーシブな教育が実現されるように、合理的な配慮が求められるようになっています。

　成人の場合、社会教育、職業教育等を含む生涯学習への支援も実施されています。2020年の新型コロナウイルス感染症の感染拡大等を契機に、成人を対象とした教育機関においてもICTがさらに活用されるようになり、遠隔での支援も得られやすくなりました。

　また、雇用保険を受給している場合、学卒者訓練、離職者訓練、在職者訓練等といった公共職業訓練の対象になります6）。雇用保険を受給できない求職者は、求職者支援制度を活用することができます。病気や障害等により高等学校に進学できなかったり退学したりした場合、2020年に制定された高等教育の修学支援新制度等を基に、通信課程等を活用して、新たに単位を修得したり、退学した高等学校で修得した単位に追加して単位を修得したりして、高等学校

の卒業資格を得ることもできます。

註

1）国土交通省「住宅セーフティネット制度について」.
　URL：https://www.mlit.go.jp/jutakukentiku/house/jutakukentiku_house_tk3_000055.html
　（accessed 1 September 2023）.
2）国土交通省「住宅確保要配慮者居住支援法人について」.
　URL：https://www.mlit.go.jp/jutakukentiku/house/jutakukentiku_house_fr7_000026.html
　（accessed 1 September 2023）.
3）厚生労働省「日常生活支援居住施設のあり方に関する検討事項について」2019.
　URL：https://www.mhlw.go.jp/content/12002000/000555635.pdf（accessed 1 September
　2023）.
4）認定NPO法人自立生活サポートセンター・もやい「代理納付を知っていますか？」.
　URL：https://www.npomoyai.or.jp/20181218/5035（accessed 1 September 2023）.
5）厚生労働省「児童自立生活援助事業の実施について（児発第344号）」1998.
　URL：https://www.mhlw.go.jp/web/t_doc?dataId=00ta9232&dataType=1&pageNo=1
　（accessed 1 September 2023）.
6）厚生労働省東京労働局「公共職業訓練について」.
　URL：https://jsite.mhlw.go.jp/tokyo-roudoukyoku/hourei_seido_tetsuzuki/shokugyou_
　kunren/koukyoukunren_00005.html（accessed 1 September 2023）.

第 *10* 講

福祉と医療の連携・協働

福祉と医療の連携・協働においては、病院や診療所、保険調剤薬局、訪問診療・訪問看護等の在宅医療機関、介護施設等がかかわることから、多様な専門職との関わりも重要になります。

第10講では、福祉・医療分野の多様な専門職の連携・協働に関する基礎知識を学習します。

1 福祉分野と連携する医療専門職

福祉分野の専門職として、主に、社会福祉士、精神社会福祉士、介護福祉士、保育士等が挙げられます。医療分野でも、多様な専門職がチームとして協働しており、福祉分野の専門職と連携することも多くあります。医療の専門職のなかでも、福祉分野と連携・協働する可能性が高い主な業種と業務の内容を、以下に示します（表10－1）。

表10-1　福祉分野との連携・協働にかかわる主な医療専門職と業務内容

職名	主な業務（根拠法）
医師	医療および保健指導を通して公衆衛生の向上と増進、国民の健康な生活を確保する。（医師法）
歯科医師	歯科医療および保健指導を通して公衆衛生の向上と増進、国民の健康な生活を確保する。（歯科医師法）
薬剤師	調剤、医薬品の供給その他薬事衛生を司ることを通して国民の健康な生活を確保する。（薬剤師法）

保健師 助産師 看護師	医療および公衆衛生の普及向上を図ることを目的とし、 ・保健指導に従事する。 ・助産または妊婦、褥婦もしくは新生児の保健指導を行う。 ・傷病者もしくは褥婦に対する療養上の世話または診療の補助を行う。（保健師助産師看護師法）
診療放射線 技師	医療および公衆衛生の普及および向上に寄与することを目的とし、放射線を人体に対して照射する。（診療放射線技師法）
臨床検査 技師	医療および公衆衛生の向上に寄与することを目的とし、人体から排出され、または採取された検体の検体検査および生理学的検査を行う。（臨床検査技師等に関する法律）
理学療法士	医療の普及および向上に寄与することを目的とし、身体に障害のある者に対し、基本的動作能力の回復を図るため、治療体操その他の運動を行わせ、および電気刺激、マッサージ、温熱その他の物理的手段を加える。（理学療法士及び作業療法士法）
作業療法士	医療の普及および向上に寄与することを目的とし、身体または精神に障害のある者に対し、応用的動作能力または社会的適応能力の回復を図るため、手芸、工芸その他の作業を行わせる。（理学療法士及び作業療法士法）
言語聴覚士	医療の普及および向上に寄与することを目的とし、音声機能、言語機能または聴覚に障害のある者の機能の維持向上を図るため、言語訓練その他の訓練、必要な検査および助言、指導その他の援助を行う。（言語聴覚士法）
歯科衛生士	歯科疾患の予防および口腔衛生の向上を図ることを目的とし、歯牙および口腔の疾患の予防処置を行う。（歯科衛生士法）
管理栄養士	傷病者に対する療養のため必要な栄養の指導、個人の身体の状況、栄養状態等に応じた高度の指導ならびに特定多数人に対して継続的に食事を供給する施設における利用者の身体の状況、栄養状態、利用の状況等に応じた特別の配慮を必要とする給食管理およびこれらの施設に対する栄養改善上必要な指導等を行う。（栄養士法）
義肢装具士	医療の普及および向上に寄与することを目的とし、義肢および装具の装着部分の採型ならびに義肢および装具の製作および身体への適合を行う。（義肢装具士法）
救急救命士	医療の普及および向上に寄与することを目的とし、症状が著しく悪化するおそれがあり、またはその生命が危険な状態にある傷病者が病院または診療所に搬送されるまでの間に、当該重度傷病者に対して救急救命処置を行う。（救急救命士法）
臨床工学 技士	医療の普及および向上に寄与することを目的とし、生命維持管理装置の操作および保守点検を行う。（臨床工学技士法）
公認心理師	保健医療、福祉、教育その他の分野において、心理学に関する専門的知識および技術をもって、心理に関する支援を要する者の心理状態を観察し分析する。心理に関する相談に応じ、助言、指導その他の援助を行う。（公認心理師法）

表10-2　チームのモデルと特性

モデル	特　性
マルチディシプリナリ multi-disciplinary チーム	救急医療、急性期医療、災害派遣チーム等において活用される。 専門職ごとに役割が決まっており、医師等のリーダーの指揮の 下、それぞれの役割を迅速に果たす。
インターディシプリナリ inter-disciplinary チーム	慢性期医療、回復期医療、終末期医療等において活用される。 当事者のニーズを踏まえ、目標に応じてチームメンバーの合議 を重視しながら、時間を掛けて方針を決定する。
トランスディシプリナリ trans-disciplinary チーム	精神医療、在宅医療等、医療全般において活用される。 当事者をチームメンバーに含み、チームに主体的に参加するこ とを支援する。 国連障害者権利委員会、国連子どもの権利委員会、UNICEF、 WHO Europe等が推奨している。

　また、医療分野では状況に応じてチームとして対応することがあります。チームの種類として、上記のようなモデルが示されており（表10-2）[1]）、各特性を踏まえた連携・協働が求められます。

　さらに、病院等の医療機関は、外来や病棟等プロジェクト別に組織化した「プロジェクト型」と、医師の組織である診療部門や看護師の組織である看護部門といった機能別に組織化した「機能型組織」を融合させるなど、2つ以上の指示系統が組み合わさった「マトリクス型組織」であると指摘されています[2]）。マトリクス型組織では、プロジェクトごとの組織と、所属する部門の組織との複数の指揮命令系統に対応する場合が生じるため、円滑な運営のために、組織ごとにルールを設定し、最終的な意思決定権者や責任者を確認しておくことが求められます。一方、病院等の医療機関外では、異なる専門性をもつ専門職が連携・協働する際、専門性の違いの他に、所属する組織の違い、組織内における立場の違い等を考慮することが必要になる場合があります。スムーズに連携・協働するために、他職種が相互にどのような立場にあり、どのような役割に基づいて考え、対応しているかを理解し合うことが求められます。

　また、新型コロナウイルス感染症の感染拡大以降、医療分野ではICT診療（オンライン予約・診療等）が進められています。このような動向に伴い、医療と福祉の連携・協働においても、対面だけでなく、電話やインターネット等、

多様な手法を活用する場合があることを想定しておくことが必要です。

2 医療と福祉の専門職間の連携・協働と心理的安全性の確保

　専門職間の連携・協働では、立場や考え方の違い、ヒエラルキー（階層）の影響により、コンフリクト（葛藤）が生じることがあります。このような場合に活用される対応の一つに、「心理的安全性」（Edmondson, A. C.）が挙げられます[3]。心理的安全性はチームがどのように協力するかにかかわる最も重要な因子と考えられており、心理的安全性が損なわれる場合に、メンバーのチームへの貢献や意欲、チームの活動に望ましくない影響を与えることが指摘されています。立場や考え方が異なるメンバーが恐れることなく安心して意見や懸念を表現でき、多様な意見や懸念がチームで検討され、時に失敗からも学び合い改善することができる関係性がチームに育まれることが重視されています。

　心理的安全性を保持発展させるための理論として、相互的な学習を通してともに学び合い関係性を変化させる、「学習する組織」（Senge, P. M.）があります[4]。学習する組織では、目的に向けて効果的に行動するための意識と能力を継続的に高めるために、組織的学習を通じて個人と組織の相互発展が図られます。学習する組織を実現するために、以下に挙げる、システム思考、自己マスタリー、メンタルモデル、共有ビジョン、チーム学習にわたる5つのディシプリンが用いられます。

　　・システム思考：全体を明らかにし、それを効果的に変える方法を見つけるための概念的枠組み。
　　・自己マスタリー：人生をよりよいものに創造し続けるための熟達共有ビジョンをつくりだす基盤になるもの。
　　・メンタルモデル：世界をどのように理解し、どのように行動するかに影響を与える概念等。
　　・共有ビジョン：組織の人々が共有するビジョン。組織に共通する意識を生み出し、多様な活動に一貫性をもたらす。

・チーム学習：ビジョンを共有したチームによる学習。

　心理的安全性を重視しうる組織を開発するために、「X理論とY理論」（McGregor, D. M.）という理論が提唱されています[5]。前者のX理論では、人間は管理しないと怠ける傾向にあるという考え方を基本としているのに対し、後者のY理論では、人間は本来自己実現のために自ら活動するという考え方を基本としており、提唱者は心理的安全性の高い組織のためには後者が望ましいと指摘しています。このような理論を踏まえ、雇用期間の長さ・組織への成員のコミットメントの高さ・仕事の満足度や士気の高さ・組織内の親密な関係等の影響を含む「Z理論」（Ouchi, W. G.）[6]、場の精神的・社会的な意味に注目した「U理論」（Scharmer, C. O.）[7]、さらに、個人の知識（暗黙知）を他者との対話を通して共有し、新たな知識を創造する過程として表した「SECIモデル」（野中郁次郎）等の理論も示されています[8]。

　一方、異なる専門職の間では、たとえば、生命・生存を重視する観点から考え実践する傾向がある医療や、その人らしさを尊重する観点から考え実践する傾向がある福祉のように、専門職ごとの使命感の違いが葛藤の源にあることがあります。対話にあたって葛藤が生じる場合、その変容を支援する手法として、「修復的対話」が活用されることがあります。修復的対話とは、人間関係において生じる葛藤をよい方向に変容する手続きであり、心理的安全性をもたらすことを目指すものです。修復的対話では、葛藤を解決することではなく、必ずしもうまくいかないことを前提として、お互いの考えや価値を傾聴し合う対話を継続し、その過程で試行錯誤を繰り返しながら、課題の解決にかかわる目標の達成を試みることになります。目標が共有されているか、目標の方向性に誤りがないかを継続して確認することが求められます。

　修復的対話の代表的な理論には、「リフレクティング・プロセス」（Andersen, T.）が挙げられます[9]。リフレクティング・プロセスでは、話し手と聞き手の会話に続いて、チームがこの会話について話し合い、話し手がチームのやりとりを聞くプロセスを通し、話し手の外的・内的会話が促進されます。また、心理的安全性をもたらすチームを形成する修復的対話の方法として、メンバーが

輪になり、全員が話し手に敬意をもって対話する「トーキング・サークル」が活用されることがあります。トーキング・サークルは、国際的には、職場等でのハラスメントの予防等において実践されています。

　一方、対話が膠着状態に陥った場合に活用されることがあるのが、現在ではなく未来を想定して問いを設定する「アンティシペーション・ダイアローグ（AD）」（Arnkil, T. E., et al.）です[10]。このような問いの設定は、多様な立場にあるメンバー間で問題を多角的に理解して考察し新たな案や関係性を見出すために、メンバーそれぞれが力を活かして自身の問題として考え、在りたい未来に関して対話するフューチャーセッション等に役立てられています。

註

1）山本武志「医療専門職に求められるコンピテンスと専門職連携教育──専門職的自律性、相互依存性、ノットワークの観点からの考察」『社会保障研究』3（4），2019，pp.536-545.

2）佐藤二郎「組織のあるべき姿──病院における多職種協働を考える」神戸大学エキスパートメディカルスタッフ育成フォーラム，2017.
　URL：https://www.med.kobe-u.ac.jp/comed/pdf/handout/h290310_forum_handout_satou.pdf（accessed 1 September 2023）.

3）山口（中上）悦子「『心理的安全性』と医療」『医療の質・安全学会誌』15（4），2020，pp.372-374.

4）ピーター・M. センゲ著，枝廣淳子・小田理一郎・中小路佳代子訳『学習する組織──システム思考で未来を創造する』英治出版，2011.

5）村田晋也「McGregorリーダーシップ論の形成に関する一考察」『経済論究』136，2010，pp.219-233.

6）ウイリアム・G. オオウチ著，徳山二郎監訳『セオリーZ──日本に学び、日本を超える』CBS・ソニー出版，1981.

7）C. オットー・シャーマー著，中土井僚・由佐美加子訳『U理論──過去や偏見にとらわれず、本当に必要な「変化」を生み出す技術』英治出版，2010.

8）野中郁次郎・紺野登『知識創造の方法論──ナレッジワーカーの作法』東洋経済新報社，2003.

9）T. アンデルセン著，鈴木浩二監訳『リフレクティング・プロセス──会話における会話と会話（新装版）』金剛出版，2015.

10）川田美和「未来語りのダイアローグ（Anticipation/future Dialogues）──繋がりと希望を創るミーティング」『Phenomena in Nursing』2017, E-5-E-9.

第 *11* 講

地域包括ケアシステム

医療と福祉にかかわる課題を解決するために、地域の中で展開される対策や支援が注目されつつあります。特に、団塊の世代が75歳以上になる2025年以降、医療や福祉のニーズがさらに増加することが見込まれており、住み慣れた地域において最期まで自分らしく生きる支援を提供するために、地域包括ケアシステムの構築が推進されています。

第11講では、地域包括ケアシステムの学習を通して、医療及び福祉にかかわる理解を進めます。

1 地域包括ケアシステム

日本では従来、介護を家族だけに頼ることによる様々な問題が生じてきたため、「家族以外の担い手による職業としての介護サービスの提供が社会的に要請され」るようになり、「介護の社会化（家庭のなかで行われてきた介護を社会全体で担うこと）」が求められるようになります[1]。こうした状況を受けて、「介護保険法」（平成9年　法律第123号）が2000年に施行され、2011年の改正において、介護の社会化および介護の予防、また、地域包括ケアシステムの構築に関する内容が規定されました。さらに、2012年に施行された「介護保険法」の改正では、地域包括ケアシステム構想が提示されました。地域包括ケアシステム構想とは、中学校区を想定した身近な日常生活圏域を単位として、住居、医療、介護、介護予防、生活支援が一体的に24時間365日提供されるシステム構築を目指す構想です（図11−1）[2]。

病気になったら...
〈医療〉
・急性期病院
・亜急性期・回復期
・リハビリ病院

日常の医療：
・かかりつけ医
・地域の連携病院

通院・入院

介護が
必要になったら...
〈介護〉

通所・入所

■在宅系サービス：
・訪問介護・訪問看護・通所介護
・小規模多機能型居宅介護
・短期入所生活介護
・24時間対応の訪問サービス
・複合型サービス
（小規模多機能型居宅介護＋訪問看護）等
■介護予防サービス

〈住まい〉

・自宅
・サービス付き高齢者向け
　住宅等

認知症の人

■施設・居住系サービス
・介護老人福祉施設
・介護老人保健施設
・認知症共同生活介護
・特定施設入所者生活介護等

・地域包括支援センター
・ケアマネジャー

相談業務やサービスの
コーディネートを行います。

いつまでも元気に暮らすために...
〈生活支援・介護予防〉
・老人クラブ・自治会・ボランティア・NPO等

※ 地域包括ケアシステムは、
おおむね30分以内に必要な
サービスが提供される日常
生活圏域（具体的には中学
校区）を単位として想定

出典：厚生労働省「地域包括ケアシステム」3）を基に作成.

図11-1　地域包括ケアシステム

　また、2012年に成立した「社会保障制度改革推進法（推進法）」（平成24年法律第64号）では、社会保障にかかわる理念が整理され、全世代対応型の制度と、制度を支える基盤を強化するための、子育て、年金、医療、就労促進、貧困・格差対策等にわたる施策が提示されました。同年には、受益と負担のバランスのとれた持続可能な社会保障制度を確立するため、社会保障制度改革についての基本的な考え方が定められました。この推進法を基に、社会保障制度改革国民会議が内閣に設置され、2013年に、「社会保障制度改革国民会議報告書～確かな社会保障を将来世代に伝えるための道筋～」が提出されました4）。この報告書を受けて、同年に、政府により、「社会保障制度改革推進法第4条の規定に基づく『法制上の措置』の骨子について」が閣議決定されました5）。この骨子を基に、政府は、社会保障制度改革の全体像および進め方を明らかにする「持続可能な社会保障制度の確立を図るための改革の推進に関する法律（社会保障改革プログラム法）」（平成25年　法律第102号）を制定しました。

　さらに、地域包括ケアシステムは、2014年に「介護保険法」が見直され、改正された「地域における医療及び介護の総合的な確保を推進するための関係法律の整備に関する法律（医療介護総合確保推進法）」（平成元年　法律第64号）に

より明確化され、「地域の実情に応じて、高齢者が、可能な限り、住み慣れた地域でその有する能力に応じ自立した日常生活を営むことができるよう、医療、介護、介護予防（要介護状態もしくは要支援状態となることの予防または要介護状態もしくは要支援状態の軽減もしくは悪化の防止をいう。）、住まいおよび自立した日常生活の支援が包括的に確保される体制」と定義されました。同法では、前述のいわゆる「社会保障改革プログラム法」に基づく措置として、効率的かつ質の高い医療提供体制を構築するとともに、地域包括ケアシステム構築を通して、地域における医療および介護の総合的な確保の推進のため、「医療法」（昭和23年　法律第205号）、「介護保険法」等の関係法規の整備等を目指しています。

2017年には、地域包括ケアシステム強化のための「介護保険法等の一部を改正する法律」（平成17年　法律第77号）が公布されました。同法では、地域包括ケアシステムを深化し推進するために、自立支援・重度化予防に向けた保険者機能の強化等の取り組みの推進（介護保険法）、医療・介護の連携の推進等（介護保険法、医療法）、地域共生社会の実現に向けた取り組みの推進等（社会福祉法、介護保険法、障害者総合支援法、児童福祉法）に関する改正が行われています。また、介護保険制度の持続可能性を確保するため、自己負担2割の者のうち特に所得の高い層の負担割合が3割とされ（介護保険法）、介護納付金への総報酬割（介護保険法）が導入されました。

地域包括ケアシステムにおいては、医療・介護サービス供給システムの地域格差、医療・介護サービス供給主体の多様化等の、地域に特有の課題があり、医療報酬及び介護報酬では、在宅医療・福祉サービスの提供維持にかかわる地域の課題や格差を踏まえた、体制のさらなる発展が求められます。

2　地域包括ケアシステムにおける医療機関の役割

2014年に交付された「医療法」の改正において、地域医療構想が制度化されました[6]。2015年には、厚生労働省により「地域医療構想策定ガイドライン」が提示され[7]、2016年度に各都道府県において地域医療構想が策定されました。

地域医療構想とは、2025年の必要病床数を4つの医療機能（高度急性期機能、

急性期機能、回復期機能、慢性期機能）ごとに推計し、二次医療圏を基本に設定された構想区域に設置される地域医療構想調整会議において、関係者の協議を通じて病床の機能分化と連携を進め、効率的な医療提供体制を実現する取り組みとされています。地域医療構想調整会議では、医療機関が医療機能を自主的に選択して報告する病床機能報告制度に基づいて、現状の病床数と地域医療構想における2025年の必要病床数、医療計画における基準病床数が、地域の実情等を参考に協議されます。

　地域包括ケアシステム構想は、前述の通り、高齢者が住み慣れた地域において自立した生活を営むことができるように、医療、介護、介護予防、住居、生活支援が包括的に提供されるシステム構築を目指すものです。一方、地域医療構想は、医療を必要とする高齢者を対象に、急性期から回復期、慢性期に至る医療提供システムを構築するものです。地域包括ケアシステムと地域医療構想は、相互に補完し合う関係性にあり、医療と介護の連携を推進し、高齢者が地域で最期まで豊かに生活することの実現を目指すものといえます。

　地域包括ケアシステムは、急性期医療から予防医療、慢性期医療、緩和医療、終末期医療等の広範囲にわたります。地域包括ケアシステムでは、かかりつけ医を中心に、訪問看護師、介護支援専門員、福祉施設等が水平的に連携・協働することが求められています。2018年の介護報酬の改定では、終末期における介護支援専門員と主治医との連携の強化（ターミナルケアマネジメント加算）、特別養護老人ホームにおける医師の配置および緊急時の対応、看取りへの加算が提示されました。かかりつけ医は、地域包括ケアシステムの構築において重要な役割を果たすとともに、病態やライフコースに応じた医療提供、住民のヘルスリテラシー（健康情報を収集・理解・評価・活用するための知識、技能および意欲）の向上、トータルヘルスプランナー（地域の住民の健康に対する総合的な支援者）のリーダーとしての役割を果たすことも期待されています。そのためには、医療、介護、福祉、保健等の関係機関および人的な連携の推進と発展が必要になります。あわせて、医療提供体制における中心的な役割を果たしてきた急性期病院等には、医療を通して地域包括ケアシステムを支援する最後の砦としての役割を果たすことが引き続き求められます。

註

1 ）秋元美世他編『現代社会福祉辞典』有斐閣，2003.
2 ）厚生労働省「地域包括ケアシステム」.
　　URL：https://www.mhlw.go.jp/stf/seisakunitsuite/bunya/hukushi_kaigo/kaigo_koureisha/chiiki-houkatsu/（accessed 29 August 2023）.
3 ）同上Web Page.
4 ）社会保障制度改革国民会議「社会保障制度改革国民会議報告書－確かな社会保障を将来世代に伝えるための道筋」2013.
　　URL：https://www.mhlw.go.jp/file/05-Shingikai-10801000-Iseikyoku-Soumuka/0000052615_1.pdf（accessed 28 November 2023）
5 ）「社会保障制度改革推進法第 4 条の規定に基づく『法制上の措置』の骨子について」平成25年 8 月21日閣議決定.
　　URL：https://www.mhlw.go.jp/seisakunitsuite/bunya/hokabunya/shakaihoshou/dl/251226_05.pdf（accessed 28 November 2023）
6 ）厚生労働省「地域医療構想」.
　　URL：https://www.mhlw.go.jp/stf/seisakunitsuite/bunya/0000080850.html（accessed 29 August 2023）.
7 ）　厚生労働省「地域医療構想策定ガイドライン」.
　　URL：https://www.mhlw.go.jp/content/10800000/000711355.pdf（accessed 29 August 2023）.

第 *12* 講

介護保険制度

　高齢者介護では、利用者の状態や変化に応じて、医療と福祉両方の関係機関の密接な連携が必要となります。そのため福祉分野においても、介護にかかわる医療制度や医療的支援について理解することが大切です。

　第12講では、高齢者支援にかかわる「介護保険法」、障害児者支援にかかわる「障害者の日常生活及び社会生活を総合的に支援するための法律（障害者総合支援法）」を中心に学習を進めます。

1　介護保険制度

　介護保険制度では、介護保険への加入、要介護認定、保険給付、利用者負担、介護報酬、介護予防および日常生活支援総合事業について定めています[1]。

　第一に、介護保険への加入に関して、介護保険の保険者は市区町村であり、被保険者は当該市区町村に居住する40歳以上の者になります。65歳以上で第1号被保険者、40歳以上65歳未満で第2号被保険者になります。被保険者には介護保険料の納付義務があり、医療保険と似た仕組みにより徴収されます。ただし、医療保険と異なり、生活保護の受給者も介護保険に加入し、実質的には生活保護制度が負担することになりますが、保険料を納める必要があります。

　第二に、介護サービスを利用する場合、要介護認定を受ける必要があります。医療保険ではこのような手続きをすることなく受診できますが、介護保険では要介護認定を受けた者のみがサービスを利用できます。市区町村に要介護認定を申請すると、認定調査員が自宅を訪問し申請者の状況を調査して、その結果

と主治医の意見書に基づき、コンピュータによる一次判定が行われます。その結果を踏まえ、介護認定審査会が二次判定を実施します。審査会は、申請者の状態を審査し、国が定めた基準に基づいて、自立、要支援1・2、要介護1〜5のいずれかに相当するかを判定します。第1号被保険者の場合、要介護状態になった原因は問われません。一方、第2号被保険者では、加齢に起因する特定疾病（終末期の悪性新生物、初老期の認知症等）による場合に限定されます。他の原因により要介護状態になった場合、他の制度の対象になります。

　第三に、保険給付に関して、要介護者に対する介護給付と、要支援者に対する予防給付があります。介護給付には、施設サービス、居宅サービス、地域密着型サービス、居宅介護支援（ケアマネジメント）があります。一方、予防給付には、介護予防サービス、地域密着型介護予防サービス、介護予防支援（ケアマネジメント）があります。介護給付に含まれる施設サービスには、介護老人福祉施設（特別養護老人ホーム）、介護老人保健施設に加えて、2018年度に制定された介護医療院があります。介護医療院は、介護療養型医療施設に代替するものとして創設されました。日常的な医学管理、終末期医療、看取り等の機能と生活施設としての機能とをあわせもつ介護保険施設であり、医療法上の医療提供施設でもあります。また、居宅サービスには、訪問介護（ホームヘルプサービス）、訪問看護、通所介護（デイサービス）、通所リハビリテーション（デイケア）、短期入所生活（療養）介護（ショートステイ）等があり、地域密着型サービスとして、小規模多機能型居宅介護、認知症対応型共同生活介護（グループホーム）等があります。居宅サービスを利用する場合、介護支援専門員（ケアマネジャー）による居宅介護支援が行われます。ケアマネジャーは、居宅介護サービス計画（ケアプラン）を作成し、市町村やサービス事業者との連絡を調整します。居宅サービスでは、要介護度に応じて月単位での支給限度額が定められており、超過分は全額自己負担になります。また、予防給付の対象になるサービスの利用の際に、介護給付と同じく、ケアマネジャーによる介護予防支援が行われ、介護予防サービス計画（ケアプラン）が作成されます。

　第四に、利用者負担に関して、介護保険サービスでは医療保険と同様に現物給付化（医療サービス〔療養〕の給付）されており、利用者はサービス事業者に

利用者負担のみを支払います。第1号被保険者は介護費用の1割を負担する必要がありますが、一定以上の所得のある者は2割負担、所得の高い者は3割負担になります。第2号被保険者は一律に1割負担になります。もし介護費用が高額になる場合、高額介護サービス費が支給されます。高額療養費制度と同様に、月単位の負担限度額が定められ、負担が限度額を超える場合、保険者から払い戻されます。ケアプランの作成に関して、利用者負担はありません。

　第五に、介護報酬に関して、市区町村では事業者が介護サービス提供に要した費用のうち、利用者負担を除いた部分に対して、介護報酬が支払われます。この審査支払い事務は、市区町村から委託を受けた国民健康保険団体連合会により実施されます。介護報酬は、3年に1回改定されます。全国一律の単価による医療保険と異なり、人件費等の地域の実情に応じて金額が異なっています。

　第六に、介護予防および日常生活支援総合事業に関して、市区町村では様々な方法で、介護予防および日常生活支援総合事業が行われています。要支援者や基本チェックリストにより支援が必要と判断された対象者への、訪問型サービス、通所型サービス、生活支援サービス（配食・見守り等）をはじめ、第1号被保険者全体に対する介護予防の普及および啓発等が実施されています。

2　障害者総合支援法と介護給付

　「障害者の日常生活及び社会生活を総合的に支援するための法律（障害者総合支援法）」（平成17年　法律第123号）では、自立支援給付として、自立支援医療の他に、介護給付を適用することが定められています[2]。介護給付には、居宅介護（ホームヘルプサービス）、重度訪問介護、同行援護、行動援護、短期入所（ショートステイ）、療養介護、生活介護、施設入所支援等があります。

　介護給付の対象には、子どもを含む、身体障害者、知的障害者、精神障害者（発達障害者を含む）および難病患者が挙げられます。介護給付の利用にあたり、介護保険に似た手続きが行われます。まず、市区町村に設置された審議会で障害支援区分（当該障害者等に必要な支援の程度）の判定を受けます。市区町村が支給を決定すると、サービス等利用計画が作成され、障害支援区分に応じたサ

ービスの利用が可能になります。利用者負担には、所得段階に応じた負担上限額が設定され、上限額に達するまでは１割負担になります。これらの手続きに共通して、市町村民税非課税世帯では無料となり、負担が軽減されています。

3 制度間における関係

　介護サービスを利用する場合、同種の給付を行う他制度との関係に留意する必要があります。例えば、介護保険と医療保険の双方に定めがある訪問看護、訪問リハビリテーションを利用する際、要介護または要支援認定を受けているようであれば介護保険が優先され、受けていなければ医療保険が適用されます。ただし、要介護（要支援）者でも、厚生労働大臣が定める疾病等（終末期の悪性新生物、多発性硬化症等）に該当する場合、医療保険が適用されます。

　介護保険と障害者総合支援法との関係では、同種のサービスが介護保険にない場合、障害者総合支援法に基づくサービス（同行援護、行動援護等）を利用できます。一方、介護保険に同種のサービスがある場合、原則として介護保険が優先されます（ホームヘルプサービス等）。しかしながら、介護保険に同種のサービスがあっても、定員に空きがない等から介護保険サービスを利用できない場合、障害者総合支援法に基づくサービスを利用することができます。

　また、労働者が労災事故により介護を要する状態にあり、親族等から介護を受ける場合、労災保険から介護（補償）給付が支給されます。ただし、特別養護老人ホーム、医療機関等に入所または入院している間は支給されません。

註

1）厚生労働省「介護保険制度の概要」.
　URL：https://www.mhlw.go.jp/stf/seisakunitsuite/bunya/hukushi_kaigo/kaigo_koureisha/gaiyo/index.html（accessed 1 September 2023）.
2）東京都福祉局「介護給付適正化の推進」.
　URL：https://www.fukushi.metro.tokyo.lg.jp/kourei/hoken/kyufutekiseika30-32.html（accessed 1 September 2023）.

第 **13** 講

地域包括ケアシステムの構築と
地域共生社会

　医療及び福祉は、地域包括ケアシステムや地域共生社会を実現する上で必須の要素です。同時に、少子高齢化が進む今日、資源に限りのあるなかでも医療および福祉を推進する上で、地域包括ケアシステムの構築や地域共生社会の実現は、重要な課題になっています。

　このような現状を踏まえ、第13講では、地域共生社会という視点から、医療と福祉の連携・協働に関して学習します。

1　地域包括ケアシステムの構築の推進

　少子高齢化の進行に伴い、日本では、単身世帯、要介護者、認知症高齢者の増加等を背景として、地域の実情に応じ、高齢者が可能な限り住み慣れた地域において自立した生活を送ることができるように、地域包括ケアシステムの構築が推進されています（第11講、図11-1参照）[1]。地域包括ケアシステムでは、疾病等により医療との連携が必要な場合、在宅医療・介護が提供されます。

　例えば、市町村では、以下の図13-1のプロセスを踏まえ、2025年に向け、3年ごとの介護保険事業計画の策定および実施を通して、地域の自主性や主体性に基づき、地域の特性に応じた地域包括ケアシステムが構築されつつあります[2]。具体的には、社会福祉協議会や住民等による活動といった資源を活用し医療や福祉に予防の分野を包括的に含む取り組み、地域における民間事業者と連携・協働した取り組み、離島における実情に応じた基盤を整備する取り組み、住民が主になって地域における生活支援等に関して検討し相互に支援する

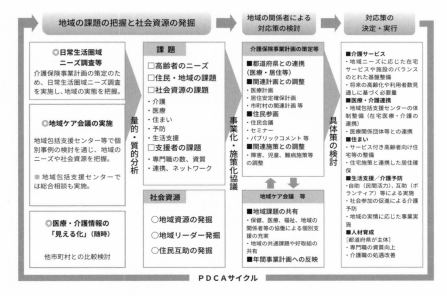

出典：厚生労働省「地域包括ケアシステム」[3]

図13-1　市町村における地域包括ケアシステム構築の過程

取り組み等が挙げられます。

2　地域包括ケアシステムと地域共生社会

　単身世帯の増加等にみるように、個人や世帯を取り巻く環境が変化するなか
で、政策の展開として、地域共生社会の実現が挙げられるようになっていま
す[4]。地域共生社会とは、制度や分野にかかわる枠組みの範囲、支える側と
支えられる側という関係性を超えて、人と人、人と社会がつながり、一人ひと
りが生きがいや役割をもち、助け合って生活することのできる包括的な地域を
つくるという理念に基づく社会構想です。

　地域共生社会を実現するためには、高齢者だけでなく、生活困窮者、障害者、
子ども等も対象として、地域包括ケアシステムの概念を普遍化し、既存の制度
では解決が容易でない生活課題をもつ人々への包括的な支援体制を構築するこ

とが必要になります。

　地域における包括的な支援体制の構築とともに目指されているのが、誰もが役割をもてる地域共生社会の実現です。誰もが役割をもてる地域共生社会では、多様性が尊重されます。性別、年齢、国籍等の属性に関する多様性をはじめ、価値観、ライフスタイル等の思考に関する多様性をあわせて尊重することが大切になります（図13-2）。また、誰もが役割をもてるように、就労や社会参加の機会の提供を通して地域共生社会を実現することが求められます。

出典：厚生労働省「地域共生社会のポータルサイト」5）

図13-2　誰もが役割をもてる地域共生社会

多様な人々を包括することで、医療や福祉にかかわるニーズはこれからも多様化することが予想されます。一方で、高齢化や人口減少が進む今日にあって、血縁、地縁、社縁といったつながりが脆弱になり、必要とされる支援の担い手は不足する傾向にあります。こうした現状を踏まえ、市町村全体等において人と人、人と社会が支え合う活動が支援される環境をチームとして整備し、チームにおいて3つの支援（次頁、図13-3）を一体的に実現する取り組みが求められています。

出典：厚生労働省「地域共生社会のポータルサイト」6)

図13-3　市町村全体がチームになり、3つの支援を一体的に実現する

出典：厚生労働省「地域共生社会のポータルサイト」7）

図13-4　人と人とのつながりそのものがセーフティネット

　セーフティネットの実質化を図るうえでは、制度やしくみが重要な役割を果たすことから、人と人とのつながりがセーフティネットとして活用されるために制度の制定や支援をあわせて発展させることが重視されます（図13－4）。

註

1 ）厚生労働省「地域包括ケアシステム」.
　　URL：https://www.mhlw.go.jp/stf/seisakunitsuite/bunya/hukushi_kaigo/kaigo_koureisha/chiiki-houkatsu/（accessed 23 August 2023）.
2 ）厚生労働省「『地域共生社会』の実現に向けて」.
　　URL：https://www.mhlw.go.jp/stf/seisakunitsuite/bunya/0000184346.html（accessed 23 August 2023）.
3 ）註1 ）に同じ.
4 ）厚生労働省「地域共生社会のポータルサイト」.
　　URL：https://www.mhlw.go.jp/kyouseisyakaiportal/（accessed 23 August）.
5 ）同上Web Page.
6 ）同上Web Page.
7 ）同上Web Page.

第 **14** 講

医療および福祉と
業務管理・業務評価

　医療・福祉の現場では、利用者の安全の確保や、就労者の働き方の改革等といった課題を含め、組織の業務を改善するために、業務管理や業務評価が行われます。

　第14講では、医療と福祉の連携・協働にかかわる業務管理と業務評価の基礎知識に関して学習します。

1　業務管理と業務評価

　業務管理は、医療と福祉にかかわる支援や職務の質の向上のために実施されます。業務管理を実施するために、組織ごとに管理すべき業務を把握し、どのような方法で管理するとよいかを明確化しておく必要があります。組織のどの部署がどのような業務をしているかを可視化して、業務にかかわる内容を適切に管理することが求められています。医療や福祉では、業務管理による業務の効率化が、事故の予防や、働きやすい業務の改善等に役立てられます。

　また、業務評価は、業務管理に加え、次節以降に示す診療報酬管理、医療安全管理・情報管理・感染管理、人的資源管理と予算管理を含め、総合的に行われます。

2　診療報酬管理

　診療報酬（第8講も参照）は、医療機関の収入の大部分を占めます。医療機関では、福祉等の関係する他部門と連携・協働した診療報酬管理が行われてい

ます。

　診療報酬管理では、算定条件になる診療体制の整備や、適切な事務処理が行われます。

3 医療安全管理・情報管理・感染管理

　医療機関では、アクシデント（有害事象）による患者の生命・健康状態への影響や、個人情報漏洩のリスク等もあり、福祉分野との連携・協働に際しても、このことを踏まえることが求められます。こうしたリスクに備えて、一般に医療機関では、医療安全管理、情報管理、感染管理等の対策が講じられています。アクシデントに至ることがなくても、偶発的事象が発生した際に適切に対処されないことにより、有害事象になりうるインシデント（ヒヤリ・ハット）が生じることもあります。安全な医療を提供するための安全管理（リスクマネジメント）等で取り扱われるアクシデント・インシデントには、一般に、患者だけでなく、家族からの苦情等の対応や、職員に事故が生じた場合も含まれます。

　情報管理においては、「個人情報の保護に関する法律（個人情報保護法）」（平成15年　法律第57号）等に基づいた対応が求められます。例えば、患者の情報は患者自身のものであり、情報提供には患者の意思の確認が必要になります。ただし、急変時等に意思の確認が困難になることが想定される場合、あらかじめ代理意思決定者を特定して情報管理を行うことがあります。

　感染管理においては、感染症を医療機関等に持ち込まない、貰わない、拡げないことが基本になります。医療従事者は、感染予防に関して自己管理を行うとともに、感染症に罹患したことが疑われる場合、勤務の可否に関して責任者に相談することが求められます。感染症の流行時や院内における感染の発生時には、院内の感染対策規定に基づいた対応が行われます。

4 人的資源管理と予算管理

　人的資源管理は、医療や福祉がかかわる組織の目的を達成するために、経営

にあたって人的資源を活用する体制の整備や運営に関する諸活動であり、人事管理・労務管理と表現されることもあります。

人的資源管理には、雇用管理、人事考課と報酬管理、キャリア開発、福利厚生や、労使関係等が含まれます。雇用管理とは、募集および採用から人事異動や休職・退職に関する一連の労務管理にあたります。雇用管理は、医療機関が提供するサービスの、必要に応じた労働力を確保・維持するために、組織的に行われます。人事考課と報酬管理では、職員の労働を評価した結果が報酬やキャリア開発等に反映されることがあります。キャリア開発は、組織に必要な能力や専門性の開発等のために行われます。福利厚生は、就労者や家族の福利の向上に活用されます。また、労使関係を通して、労働に関する問題が解決されることがあります。

一方、予算管理は、医療や福祉がかかわる組織の活動における予算の計画、実績の把握や、改善等といった予算に関する諸活動です。予算管理には組織における目標の明確化や共有等の目的や意義があり、適切な予算管理を通して組織の現状の問題点を見出し、改善策を実行して、問題を解決する役割が期待されます。組織における経営にかかわる目標を定めるために、予算の進捗状況を定期的に確認することが重視されます。

5　地域連携クリティカルパス

一つの医療機関だけでなく、複数の医療機関や在宅医療等を利用している利用者を支援する際に、福祉にかかわる介護サービス事業所等が医療機関と連携・協働し、各機関の役割分担を定めて、「地域連携クリティカルパス」を活用することがあります[1]。

地域連携クリティカルパスとは、地域連携診療計画書ともいい、入院から退院までの治療・検査のスケジュールを時間軸に沿って記述した計画表です。地域連携クリティカルパスは、患者が安心して医療を受けることができるよう、一般的に罹患率の高い疾病の治療、検査、ケアに関する診療計画を標準化・可視化して患者に示すもので、治療を担う複数の医療機関や介護サービス事業者

等の間であらかじめ共有されます。地域連携クリティカルパスは、患者の療養を地域全体で支援する地域完結型医療を具体的に実現するために活用されており、さらなる医療の質の向上、医療事故の調査や報告等による医療の安全の確保、チーム医療の確立等につながることも期待されます。

　地域連携クリティカルパスは疾病ごとに作成されており、代表的なものに、脳卒中、がん、大腿骨頸部骨折、糖尿病等があります[1]。例えば、脳卒中では、病態に応じて、急性期の治療を提供する救命救急センターやケアユニット等、日常生活行動（activities of daily living, ADL）の向上による寝たきり予防や家庭復帰のためのリハビリテーションを行う回復期病棟、退院後の再発予防のための在宅医療、通所や訪問による介護サービス事業所等によるケアが必要になります。このように、脳卒中の急性期から在宅医療まで様々な段階にかかわる地域の関係機関が連携し、継続的に診療・ケアを実施できるようにするための診療計画を、脳卒中地域連携クリティカルパスといいます。

　地域連携クリティカルパスの作成以降も、地域における関係機関が相互に、定期的に評価し、計画書をよりよく改善することが求められます。計画通りに進まなかった場合、それに伴う情報（バリアンス＝計画との差異）を分析し、計画をなぜ変更しなければいけなかったかを考察することが必要になります。

6　生活課題の顕在化と支援の継続性の必要

　疾病や療養を契機として、潜在化されていた生活課題が顕在化することがあります。具体的には、自殺の企図や、虐待等の暴力による受傷、医療費の支払い困難等に伴って、背景にある生活課題が見出されることがあります。こうした場合には、課題の性質や分野により、医療機関だけでなく、福祉事務所や児童相談所等の行政機関、法的なトラブルの解決を支援する日本司法支援センター（法テラス）[2]、就労を支援する公共職業安定所（ハローワーク）[3]、治療と就労の両立を支援する産業保健総合支援センター[4]、学校等の教育機関等、地域の関係機関との連携・協働が必要になることがあります。

註

1）厚生労働省中央社会保険医療協議会「地域連携クリティカルパスとは」2007.
　URL：https://www.mhlw.go.jp/shingi/2007/10/dl/s1031-5e.pdf（accessed 23 August）.
2）「日本司法支援センター（法テラス）」.
　URL：https://www.houterasu.or.jp/（accessed 23 August）.
3）厚生労働省「ハローワーク」.
　URL：https://www.mhlw.go.jp/stf/seisakunitsuite/bunya/koyou_roudou/koyou/
　hellowork.html（accessed 23 August）.
4）独立行政法人労働者健康安全機構「産業保健総合支援センター」（さんぽセンター）.
　URL：https://www.johas.go.jp/shisetsu/tabid/578/Default.aspx（accessed 23 August）.

地域における療養を支援する
医療・福祉

　病院等の医療を中心とする療養環境から地域を中心とする療養環境への移行においては、心理的および社会的課題が生じることがあります。

　第15講では、そうした心理的および社会的課題に対する、福祉・医療分野における支援について学習します。

1　療養にかかわる心理的課題とその支援

　疾病による入院・通院には、様々な不安や困難が伴うため、状況に応じた支援が行われています。例えば、疾病や生活に伴う精神的不安への対応、家族等の支援者間の人間関係の調整、制度や組織等の社会資源の活用をはじめ、身近な人との死別の際に生じる喪失感や悲嘆に寄り添うグリーフケア（grief care）[1]、患者会や家族会等のピア・サポート等が含まれます[2]。また、緩和ケアや看取り期のケアにおいては、人生の終末期に望む医療やケアについて前もって考え、家族等とも話し合って共有する過程である、アドバンス・ケア・プランニング（ACP）を支援することもあります[3]。支援過程では、患者の人生観、価値観、希望に基づいた医療やケアの実施が目標となります。

　心理的課題は、医療機関から退院したり退所したりする場合に生じることもあります。具体的には、体調、生活、生計にわたる不安等が挙げられます。在宅医療や他の医療機関等への移行にあたって、誰もが住み慣れた地域で安心して生活することができるように、地域包括ケア（第11、13講参照）が推進されています。また、退院等の支援では、医療と福祉にかかわる多様な施設や職員

との連携・協働が求められます。

2　療養にかかわる社会的課題とその支援

　治療の継続中に、復職したり復学したりする際に、職場や学校との調整が必要になることがあります。そのような場合でも、ワークライフバランスが実現できるように、治療か就労（就学）かのどちらか一方を選択するのではなく、どちらも諦めることなく継続できるような支援（例えば、治療就労両立支援事業など）が必要とされています。治療と就労を図るために、患者・家族と、医師・メディカルソーシャルワーカー等の医療側の関係者、及び産業医・衛生管理者・人事労務担当者等の企業側の関係者との間の情報の共有を、両立支援コーディネーターが支援することがあります。

　医療費や生活費の負担に課題がある場合、福祉や保険等を活用して支援が行われることがあります。このような経済的な問題の背景には、アディクション（依存症）等の精神的な問題や、支援の手続きにかかわる保証人がいないといった社会からの孤立の他に、より構造的な格差問題等の社会的課題が関係するなど、多様な様相がみられることが少なくありません。このような患者・家族ごとの背景を踏まえた支援が地域において提供されるように、関係機関や関係職種等と連携・協働し、地域共生社会を推進する支援が重視されます。

註

1）一般社団法人日本グリーフケア協会「グリーフケアとは」.
　URL：https://www.grief-care.org/about.html（accessed 23 August）.
2）日本ピア・サポート学会「ピア・サポートの理念」.
　URL：http://www.peer-s.jp/idea.html（accessed 23 August）.
3）木澤義之「アドバンス・ケア・プランニングadvance care planning ACP」厚生労働省
　人生の最終段階における医療の普及・啓発の在り方に関する検討会，2017.
　URL：www.mhlw.go.jp/file/05-Shingikai-10801000-Iseikyoku-Soumuka/0000173561.pdf
　（accessed 23 August）.

探究課題

〔1〕「心身機能・身体構造」「活動・参加」「環境因子」という表現を用いて、WHOが2001年に採択した「国際生活機能分類」（ICF）が、福祉・医療の分野においてどのように活用されているか、例を挙げてみましょう。

〔2〕主な慢性疾患を挙げ、「生活習慣」との関係について調べてみましょう。

〔3〕日本における「社会的入院」の状況、背景、対応に関して調べてみましょう。それぞれに課題があれば挙げてみましょう。また、解決のためにどのような方策が考えられるでしょうか。

〔4〕医療および福祉の分野で、本人の意思を尊重するために実施されている支援について調べてみましょう。

〔5〕第5講で学習した課題のなかで、興味・関心をもったトピックを選び、現状、実施されている対策や、これからの課題について調べ、解決するための方策を考えてみましょう。

〔6〕「全世代対応型の社会保障制度を構築するための健康保険法等の一部を改正する法律」（令和3年　法律第66号）について調べたことを挙げてみましょう。また、健康保険制度を維持する上での課題を見出し、解決するための方策を検討してみましょう。

〔7〕医療の安全を確保するための制度について調べてみましょう。また、それらの制度の特性や課題を踏まえて、発展させるための方策に関して検討してみましょう。

〔8〕退院後の生活の場を確保するために制定されている制度を調べ、気になる課題を挙げてみましょう。また、その課題解決のために必要な方策について調べてみましょう。

〔9〕異なる専門職間の心理的安全にかかわる理論に関して、興味・関心をもった内容や特性に関して調べ、考えたことを加えて、共有してみましょう。

〔10〕「地域包括ケアシステム」に関して、自身の居住する地域等において制定されている制度を調べ、地域においてどのように活用され、どのような課題が想定されるかを考えてみましょう。

〔11〕「介護保険制度」に関して、自身で調べたり考えたりしたことを挙げてみましょう。自身の居住する地域等において、どのような特性がみられたり課題が生じたりしているかを考え、課題解決のために必要な方策を挙げてみましょう。

〔12〕「地域共生社会」の実現にかかわる「地域包括ケアシステム」に関して、学習したり調べたりしたことを参考に、考察したことを共有してみましょう。

〔13〕日本医療マネジメント学会のWeb Page等に基づいて、地域連携クリティカルパスの実際や地域ごとの違いを確認してみましょう。
　問題を見出して、解決のために調べたり考えたり話し合ったりしてみましょう。

〔14〕学習や自身の経験等に基づいて、福祉と医療に関する課題を挙げ、その解決のための方策を、実践例等を参考にして個人またはグループで探究してみましょう。

索　引

監 修

山本　勇（やまもと・いさむ）

大阪大学医学部医学科卒業。医師。医学博士（大阪大学）。国立大学法人大阪大学大学院薬学研究科准教授、国立大学法人東京外国語大学保健管理センター所長等を経て、淑徳大学総合福祉学部特任教授、他。主な著書に、『新しいDNAチップの科学と応用』（共著、講談社サイエンティフィク）、『最新医学　別冊　脂質異常症（高脂血症）代謝1』（共著、最新医学社）、『骨粗鬆症治療と服薬指導の実践』（共著、先端医学社）、他。 主な監修書に、『子ども時代からともに考え発展させる地域福祉』『医療的ケア児者を包摂する教育支援とICT活用』『養護教諭養成課程　医療的ケア児支援を含む基礎看護実技』『小児保健衛生』『実践にかかわる専門職と学び考える障害児保育・教育』『子どもの保健』（以上、北樹出版）がある。

著 者

山本　智子（やまもと・ともこ）

白梅学園大学大学院子ども学研究科博士課程修了。看護師。博士（子ども学）。国立音楽大学教職科目准教授。主な著書に、『子ども時代からともに考え発展させる地域福祉』『医療的ケア児者を包摂する教育支援とICT活用』『養護教諭養成課程　医療的ケア児支援を含む基礎看護実技』『小児保健衛生』『音楽キャリア発達支援』『子どもの保健』（以上、単著、北樹出版）、『実践にかかわる専門職と学び考える障害児保育・教育』（編著、北樹出版）、『SDGsの実現にかかわる音楽ビジネス論』『社会福祉論』『子ども家庭福祉』『キャリア発達』他（以上、単著、開成出版）、『子どもが医療に参加する権利』（単著、講談社）他がある。東京都、神奈川県、埼玉県等において、福祉と医療にかかわる教育および研究ならびに社会活動等に取り組む。

医療福祉マネジメント概論

2024年4月25日　初版第1刷発行

監　修　山本　　勇
著　者　山本　智子
発行者　木村　慎也

定価はカバーに表示　　印刷　恵友社／製本　和光堂

発行所　株式会社　北樹出版

〒153-0061　東京都目黒区中目黒1-2-6
URL:http://www.hokuju.jp
電話(03)3715-1525(代表)　FAX(03)5720-1488